Inhalt des Buches

Ein Hund mit einer seltsamen Frisur auf dem Rücken... Orangene Monster... Der rauchende Igel... Nordsee-Wellness und die Folgen... Was macht der Postbote an meinem Briefkasten... Erziehung, was ist das...

All dies und noch mehr macht den Alltag mit einer braunen Fellnase aus. Es gibt immer neue Facetten zu entdecken. So ist er, der Rhodesian Ridgeback!

Die Autorin und die Idee zum Buch

Ich, Christine Back, Jahrgang 1971, ging als Verwaltungsfachwirtin einem normalen Büroleben nach. Bis das Jahr 2007 kam. Ein 12 Wochen alter Rhodesian Ridgeback zog ein. Er stellte unser Leben total auf den Kopf. Er regte uns zum Um- und Nachdenken an. Er brachte uns der Natur näher. Er erweiterte unseren Freundeskreis. Er ist es Wert, dass seine Erlebnisse geschrieben werden müssen.

Ich freue mich und bin stolz, dass Sie mein Buch in den Händen halten und das Leben einer wunderbaren Fellnase namens Bono kennenlernen möchten.

Christine Back

Gestatten, Bono Back, ein echter Rhodesian Ridgeback

Aus der Sicht eines

Rhodesian Ridgeback...

...das etwas andere Buch

Bibliografische Information der Deutschen Nationalbibliothek

Die Deutsche Nationalbibliothek verzeichnet diese Publikation in der Deutschen Nationalbibliothek; detaillierte bibliografische Daten sind im Internet über http://dnb-d-nb.de abrufbar.

Impressum

Aktualisiert Dezember 2011 für Kindle-Version

Herstellung und Verlag: Books on Demand GmbH, Norderstedt

ISBN: 9783842334120

Rhodesian Ridgeback Bono ist erreichbar unter

rr_bono@arcor.de

Vorwort

Der Gedanke daran, das „etwas andere Rhodesian Ridgeback Buch“ zu schreiben, kam mir beim Verschlingen zahlreicher Rhodesian Ridgeback Bücher.

Alles stand geschrieben: Rasseeigenschaften, Haltung, Beschäftigung, Ausstellung, Krankheiten, Ernährung und vieles mehr. Aber wie verhält man sich, wenn Probleme in der Erziehung auftauchen? Gibt es z. B. sogenannte „Problemeigenschaften“ die typisch Ridgeback sind? Diese Fragen blieben teilweise unbeantwortet. Es fehlten Erfahrungsberichte von Haltern, die nichts verschönten, sondern einfach die Wahrheit schrieben. Geschrieben mit einer Spur Humor und Aufmunterung zum Durchhalten, einfach um zu wissen: Man ist nicht alleine!

Als ich mal wieder mit einem Hunderatgeber in der Hand dastand, war es letztendlich der nachdenkliche und fragende Blick unserer Fellnase, der mich dazu veranlasste, das Buch aus der Sicht eines Rhodesian Ridgeback zu schreiben.

Das hier entstandene Buch soll eine Hommage an eine einzigartige, wundervolle und liebenswerte Hunderasse sein: Den Rhodesian Ridgeback.

Zitat:

Wir schenken unseren Hunden ein klein wenig Liebe und Zeit.
Dafür schenken sie uns restlos alles, was sie zu bieten haben.
Es ist zweifellos das beste Geschäft, was der Mensch je gemacht hat.

(Roger A.Caras)
Präsident des brit. Tierschutzes

VORSTELLUNG DES CO-AUTOREN

Wie es sich als gut erzogene Fellnase gehört, möchte ich mich Ihnen kurz vorstellen. Sie sollten schließlich wissen, wer Ihnen das ein oder andere Schmunzeln beim Lesen auf die Lippen zaubert.

Gestatten, Bono Back, ein echter Rhodesian Ridgeback!

Geboren wurde ich am 19.04.2007 in der Stadt Aurich (Ostfriesland/Nordsee) im Zuchtkennel Lomnava. Mein Geburtsname lautet Bhubesi Lomnava. Bei meinen stolzen und schönen Eltern handelt es sich um Cubango Alhambra (Alka) und Gunthwaite Alombaleo (David).

Meine zweibeinigen Felleltern (so nenne ich sie mal ganz liebevoll) tauften mich schlicht und ergreifend Bono. Wie ich meine, eine gute Wahl.

Bisweilen bin ich zu einem stattlichen Rüden von mittlerweile fast 4 Jahren herangewachsen, 68,5 cm groß, 38,5 kg schwer und kann von mir behaupten, dass ich ganz gut geraten bin.

Die Erziehung, die ich in der Kinderstube und in meiner Jugendzeit genoss, ist mir gut bekommen - meine ich zumindest! Meine Felleltern sind hier zwar nicht immer einer Meinung mit mir, aber ich vermute, hier herrscht ab und an ein Kommunikationsproblem.

Die Kommunikation zwischen Mensch und Hund gestaltet sich nicht immer einfach.

Aber da dies nur eine kurze Vorstellung meinerseits sein sollte, lesen Sie doch einfach weiter, was mein Leben bislang so prägte.

Viel Spaß dabei!

Inhaltsverzeichnis

1. Wie alles begann

Aus Erzählung meines Fellpapas weiß ich heute, dass seine erste Begegnung mit einem Rhodesian Ridgeback über dessen Freund stattfand.

Er war damals nicht nur von der äußeren Erscheinung dieser bislang ihm unbekannten Hunderasse fasziniert, auch die Ridgeback typische Arroganz und Gelassenheit gegenüber Fremden hatte ihn überwältigt.

Zuhause wurde voller Neugier alles über meine Hunderasse gesammelt. Meine Felleltern verschlangen Bücher, stöberten im Internet und waren fasziniert (man könnte hier auch anmerken: Infiziert!!!)!

ABER: Zum damaligen Zeitpunkt bewohnten zwei Samtpfoten das Zuhause meiner Felleltern. Die Anschaffung einer Fellnase war somit nicht möglich. Ihr Kater Mali war ein Einzelgänger und akzeptierte selbst seine Mitbewohnerin Samtpfote Viva, nur, weil sie ihm vor die Nase gesetzt wurde. Was sollte hier noch ein Hund? Und ein nicht wirklich kleines Exemplar???

Aber meine Zeit sollte kommen.

Die Entscheidung ist gefallen, es soll ein Rhodesian Ridgeback sein!

Nachdem der Kater meiner Felleltern im Alter von 15 Jahren verstarb, war nicht nur bei ihnen die Trauer sehr groß. Auch die kleine Samtpfote Viva konnte den Verlust ihres Weggefährten schwer verkraften. Da es sich bei Viva um eine sehr sozialverträgliche Samtpfote handelt, kam erstmals der Wunsch zurück, es mit einer Fellnase zu probieren.

So erarbeiteten meine Felleltern sorgsam eine Liste mit Pro und Contra. Meine Fellmama fragte im Büro nach, ob ich die erste Zeit meines Lebens dort verbringen dürfte. Es wurden über die DZRR-Seite Züchter ausfindig gemacht, die zum damaligen Zeitpunkt Welpen hatten, es wurden Gespräche mit Züchtern geführt, und, und, und...

Kurzum, nachdem das Pro auf der Liste überwiegte, und die idealen Rahmenbedingungen geschaffen waren, fiel die Entscheidung: Ein Rhodesian Ridgeback sollte in Zukunft das Leben meiner Felleltern bereichern!

Nachdem meine Felleltern eine Züchterin ihres Vertrauens gefunden hatten, machten sie sich auf den Weg ins weit gelegene Aurich. Sie nahmen über 600 km Fahrt auf sich, um „mich“ zu holen. Sind sie nicht wunderbar?

Als sie bei der Züchterin ankamen, war ich, noch mit dem Namen Bhubesi gesegnet, schon für sie reserviert. Wie klein und süß ich doch war! Und weil ich eigentlich sehr schüchtern bin, traute ich mich nicht zu meinen neuen Felleltern hin. Meine Geschwister waren da schon mutiger. Meine forsche Schwester Bona biss meinem Fellpapa sogar in die Finger. Als meine Zuchtmama mich dann aber einfach schnappte und zu meiner Fellmama in die Arme legte, war es um mich geschehen…

…so ein guter Duft, hier gehörte ich hin, ich fühlte mich wohl! Meine Fellmama war auch ganz entzückt von mir. So ein süßer, kleiner, warmer, brauner Fellknäul mit großen Augen. Eindeutig, es war um sie geschehen, ich war ja soooo süß!!!

Der Abschied von meiner Mama Alka nahte, und ich glaube, sie war damals sehr traurig. Sie begleitete mich zum Auto, stupste mich ein letztes Mal auf die Nase und leckte mir übers Gesicht. Mir war klar: Ein neues Abenteuer und Leben in einer neuen Familie beginnt!

Gestatten, mein Name lautet ab heute Bono Back!

Nach einer langen Autofahrt, die ich meist schlummernd zwischen den Beinen, in einer wolligen Decke, bei meiner Fellmama verbrachte, sind wir in meinem neuen Zuhause angekommen. Oh, was gab es da für andere Düfte. Der Rasen vor dem Haus roch ganz anders, die Umgebung auch, alles so neu. Und ich glaube, ich konnte auch den ein oder anderen neugierigen Blick der Nachbarn erhaschen. Aber meine Felleltern brachten mich gleich ins sichere und warme Zuhause. Die erste Aufregung sollte auch die einzige an diesem Tag bleiben.

In meinem neuen Heim angekommen fand ich ein liebevoll zurechtgemachtes Körbchen vor. Es gab Kuscheltiere, Spielsachen, Leinen, Futter, einfach alles was das Hundeherz so begehrt. Im Nachhinein kann ich doch behaupten, es wurde mir leicht gemacht, mich in meinem neuen Zuhause wohl zu fühlen.

Und als ich gerade mit tapsigen Pfoten mein neues Reich erkundete, kam vorsichtig etwas um die Ecke, was ich bis dahin so nah noch nie gesehen hatte! Wer sich an den Anfang des Buches erinnert, weiß, dass es noch eine samtige Mitbewohnerin mit dem Namen Viva gab. Da meine Felleltern nicht wussten, ob ich diese kleine Katzendame als lebendiges Spielzeug ansah, hielten sie mich sanft fest und ließen Viva ihre ersten Schnuppererkundungen an mir machen. Sie hat mich wohl für gut empfunden. Ich wurde mit ihrem Köpfchen sofort markiert und gehörte sodann richtig in die Familie.

Im Übrigen fand ich dieses kleine Samtpfötchen auch sehr nett!

Ich konnte mein Glück noch nicht wirklich fassen! Durch die liebevolle Aufnahme aller Beteiligten machte mir die Trennung aus meiner Familie überhaupt nichts aus. Hier fühlte ich mich sofort wohl. Hier war ich die alleinige Nummer eins, ohne beißende, keifende Geschwister. Hier war ich richtig.

Ich war gespannt, was das neue Leben noch mit sich bringt!!!

2. Sozialisierung und Erziehung ODER AUCH: Die Erfolge und Misserfolge einer Hundeausbildung

Natürlich war klar, dass aus mir, diesem süßen, knautschigen, mit viel zu viel Fell behafteten Bono, mal ein großer, stattlicher Rüde wird. Sollte ich dann etwa gefährlich und nicht mehr süß sein? Ich konnte mir das so gar nicht vorstellen. Sie vielleicht?

Somit waren meine Felleltern der Meinung, Erziehung muss sein. Man sollte sich mit mir in der Öffentlichkeit zeigen können. Ich sollte ein gern gesehener Gast in allen Lagen sein!

Im Folgenden schreibe ich meine Erfahrungen nieder, die ich in den einzelnen Durchläufen meiner Ausbildung gemacht habe. Es wird interessant.

Vielleicht sollten Sie sich jetzt ein wenig mehr in Ihren Lesesessel kuscheln und gespannt sein, wie ich mich so entwickelt habe. Es geht los!

Meine erste Erfahrung mit einer Hundeschule fand in Form von drei Einzelstunden statt. An diese waren zehn Welpenspielstunden angeschlossen. In den Einzelstunden lernte mich die Hundetrainerin kennen. Sie gab meinen Felleltern viele Tipps, z. B. wie sie mich heran rufen sollten, wie das Spiel mit einer Reizangel interessant sein kann, und wie ich es schaffe, ohne ständig in die Leine zu beißen, ganz normal an dieser zu laufen.

Tja, ich muss sagen, es hat mir schon imponiert, was diese Hundetrainerin so alles wusste. Aber mal ehrlich, muss man das alles umsetzen? In meinem Alter hat manches noch gar keinen Sinn gemacht und Blödsinn machen machte doch viel mehr Spaß. Aber was tut Hund nicht alles, um seine Felleltern glücklich zu machen?

Nachdem meine Felleltern und ich die drei Einzelstunden mit vielen Informationen hinter uns gebracht haben, ging für mich der richtige Spaß los. Meine erste Gruppenstunde nahte. Hier war was los, yeah, lauter kleine Vierbeiner die alle umher rannten und quiekten. Was hatte ich für einen Spaß!

Es wunderte mich zwar, dass das Gelände in zwei Teile aufgeteilt war, aber dann begriff ich: Kleine Wiese = Anfänger / große Wiese = Fortgeschrittene.

Da ich von der ganz schnellen Sorte bin und unbedingt auch die Fortgeschrittenenwiese erkunden wollte, habe ich mir so einiges einfallen lassen.

Auf der Anfängerwiese stand eine hochglanzpolierte Dame mit einem hochglanzpolierten Toypudel´schen. Und genau den nahm ich mir vor!!! Kam wohl nicht so gut an. Diese Dame, hatte ich schon erwähnt, dass sie hochglanzpoliert war??? Ja? Gut! Also, diese Dame stand in der Mitte des Hundeplatzes, hielt ihr Pudel´schen auf dem Arm und rief mit hochrotem Kopf meiner Fellmama zu: „Nehmen Sie sofort ihr wildgewordenes Etwas von meinem Hund weg, sofort!!!!!!“. Häääää? Meinte sie etwa mich???

Zu meiner Entschuldigung muss ich sagen, ich fand diese cremefarbenen Löckchen des Toypudel´schen einfach toll – meine Fellmama ist schließlich auch blond!

Aber egal, ich hatte mein Ziel erreicht! Meine Zeit auf der Anfängerwiese war vorbei. Ich wurde auf die Fortgeschrittenenwiese verbannt. Hier merkte ich dann, wie sich das kleine Toypudel´schen gefühlt hatte – der Spieß wurde umgedreht. Ein Mini-Bullterrier hatte es auf mich abgesehen. Ehrlich gesagt fand ich das überhaupt nicht schön und verkroch mich lieber unter der Bank. HILFE!!!!!!

Aber ich bin schnell aufgetaut. Der Mini-Bullterrier Spike wurde mein liebster Raufkumpel! Ab und an hielten sich andere Hundebesitzer von uns fern, weil wir ihnen wohl zuviel wie echte Kerle spielten. Und einige waren immer noch der Meinung, Spike sei ein gefährlicher Kampfhund. Aber wir machten uns bei jeder Stunde einen Spaß daraus, die buntgemischte Hunderunde aufzuwirbeln.

Nämlich immer dann, wenn alle Felleltern sich in die tiefe Hockestellung begaben und wie verrückt „Hier“ gerufen haben. Wollten sie doch, dass wir mitten aus unserem tollen Spiel heraus, zu ihnen kommen. Das geht nun wirklich nicht?! Außerdem haben wir schließlich bezahlt und wollten unseren Spaß – kann man doch verstehen aus Hundesicht, oder?

Natürlich waren sowohl ich, als auch Spike, lernfähig, und die ersten Lernerfolge bei „Bono – hier“ oder „Bono – Sitz“ stellten sich ein.

Auch über verschiedene Hindernisse springen, durch Rascheltunnel kriechen, über Gitter laufen, Schirme und lange Mäntel kennen lernen, meisterte ich ohne große Aufregung.

Und da ich langsam aber sicher ein wenig älter wurde, musste ich meine unbekümmerte und unbeschwerte Welpenspielstunde verlassen und wurde im Junghundekurs aufgenommen.

Mir wurde klar, dass es im Junghundekurs hieß, jetzt wird gearbeitet, die „Schonzeit" ist vorbei.

Nachdem wir ordentlich hinter unseren Felleltern auf die Übungswiese liefen, und dann ins „Sitz" gebracht wurden, durften wir von der Leine. Es wurden 10 Minuten gemeinsam getobt, um dann wieder Gehorsamsübungen zu erlernen.

Im Junghundekurs lernte ich wie ein ordentliches „Sitz", „Platz", „Fuß" und „Bleib" geht. Dies wurde erschwert, in dem ich in Schlangenlinien durch viele liegende Hunde laufen musste. Das Ganze noch mit dem Kommando „Fuß". Wir übten Richtungswechsel oder meine Fellmama lies mich im „Platz" liegen und lief einfach weg. Das fand ich wirklich nicht mehr schön! Ich rannte ihr schnell hinterher. Wie war das: Immer schön zu seinen Felleltern zurückkommen? Ehrlich gesagt war sie nicht sehr erfreut über mein Verhalten. Ich sag es ja, nicht leicht mit der Kommunikation...

Aber auch das lernte ich im Laufe der Zeit. Nachdem ich diese und andere Übungen gut absolvierte und älter wurde, wechselte ich in den Rüpelkurs.

Wie der Name schon sagt, es wurde mit der Zeit ein richtiger Rüpelkurs, für ganze Kerle. Wobei ich sagen muss, die Hundedamenwelt kann auch schön zickig sein!

Nun aber zu den wesentlichen Dingen, die mir im Rüpelkurs beigebracht wurden.

Das schon gelernte „Sitz“, „Platz“, „Fuß“, „Bleib“ und „Hier“ wurde unter erschwerten Bedingungen gefestigt. Die Zeiten des Liegenbleibens wurden länger, die Fußübungen wurden ausgedehnter.

Hier muss ich sagen, war es mir manchmal leid, lange zu liegen oder zu sitzen. Was war eigentlich der Sinn hinter dieser Übung? Mir war er nicht klar und so fand ich es schöner schwanzwedelnd zu meiner Fellmama zu laufen und diese anzuspringen: „Hallo Mama, ich hab dich lieb!!!“ Komisch, dass ich hierfür gerügt wurde, dass verstand ich nicht? Sie vielleicht?

Ferner verließen wir auch das Gelände der Hundeschule und begegneten Radfahrern und Menschen mit Kinderwagen. Wir lernten im Ansatz, dass diese „Objekte“ gar nicht schlimm sind, und wir sie einfach an uns vorbei ziehen lassen können. Ehrlich gesagt, fand ich es von Zeit zu Zeit schon witziger, einen Radfahrer zu erschrecken, indem ich ohne Vorwarnung einen Satz nach vorne machte und einen Beller los ließ. Nachdem meine Fellmama das aber auch nicht so toll fand, haben wir viel geübt. Aber mein Verhalten war steigerungsfähig!

Irgendwann dachte ich mir, nachdem ich jetzt in der Rüpelgruppe bin, kann ich mich auch wie einer benehmen. Bin ja schließlich ein ganzer Kerl, und das kann ich auch zeigen.

Da wurde mal der große, doofe, mich anpöbelnde Berner Sennenhund angeknurrt, manch anderen knurrte ich einfach an, weil ich knurren wollte. Jaaaa, ich war ein ganzer Hundekerl!

Außerdem fand ich es jetzt auch interessant Jogger anzugehen. Radfahrer erschrecken machte noch mehr Spaß und was sollten diese komischen Menschen auf Inlinern? Wie sagte meine Fellmama so schön? Der sogenannte Außenreiz meinerseits erhöhte sich, und ich bin unberechenbar. Wenn ich ganz ehrlich bin, sie hatte schon ein bisschen Recht.

Leider entwickelte sich die Rüpelgruppe für mich nicht zum Positiven. Die Gruppe wurde immer größer. Zum Teil waren wir 15 – 20 Hunde auf dem Platz, nebst diversen Felleltern. Die Übungen wurden immer länger. Mir wurde abverlangt minutenlange Sitz- oder Platzübungen zu machen. Eine schnelle Abfolge der Übungen war durch die Größe der Gruppe nicht mehr zu händeln.

Und hier möchte ich mich bei meiner Fellmama bedanken. Sie fasste sich ein Herz und hat mit der Trainerin gesprochen. Sie hatte dieser mitgeteilt, dass es einfach unmöglich ist, solch eine große Gruppe zu händeln.

Die Übungen dauerten zu lange. Kurzhaarigen Hunden wurde bei Nässe und Kälte zugemutet, minutenlange Sitz- und Platzübungen zu machen. Das war nicht in Ordnung! Hätte man die Gruppe gesplittet, wäre eine schnellere Abfolge der Übungen gegeben. Auch die Außenreize, z. B. Radfahrern hinterher rennen, Inliner anbellen usw., die sich bei vielen Fellnasen in der Rüpelgruppe einstellten, wären so trainierbar gewesen.

Leider ging die Trainerin nicht auf diese Kritikpunkte ein. Für meine Fellmama und mich war klar, hier kommen wir nicht weiter, es muss etwas Neues ausprobiert werden.

Meine Felleltern beschlossen: Wir brauchen ein Training, dass alltagstauglich und speziell auf Bono abgestimmt ist. Was heißt: Ich kam in den Genuss von Einzelstunden.

Na, wenn das mal nicht ein Fortschritt ist, eine Trainingseinheit nur für mich alleine. Ich freute mich schon darauf!

Nach Recherchen und Empfehlungen gelangten wir schließlich zu einer wunderbaren und einfühlsamen Hundetrainerin. Sie brachte mir und meinen Felleltern sehr viel bei.

Ich lernte, dass ich auch ohne großen Druck und Geschrei Dinge meistern kann. Es gab schließlich als Belohnung ein besonderes Leckerli.

Außerdem wurde unser Training abwechslungsreicher. Obwohl ich bei erfolgreich ausgeführter Übung ein Leckerli erwartete, spielte meine Fellmama ganz plötzlich mit mir ein Fangspiel. Mensch fand ich das toll! Es gab immer etwas anderes für mein gutes Benehmen. Meine Fellmama war plötzlich wie ein Überraschungsei: Spannend, süß und überraschend!!!

Wir lernten auch mit einem Knallfrosch umzugehen. In der Trainersprache nennt man so etwas „Clicker". Es war ziemlich toll, dass, wenn ich am Rande ein „Sitz" machte und ruhig blieb, sobald die Jogger angerannt kamen oder auch Radfahrer vorbei fuhren, meine Fellmama wie wild click, click, click machte, und ich ein Leckerli bekam. So machte brav sein Spaß, es lohnte sich ja!

Da es mir auch Spaß machte, Hasen zu jagen oder Kühe anzubellen, haben wir Hundekino geübt. Hier fragen sich bestimmt Einige: „WAS ist ein HUNDEKINO???"

Sie sehen, es gibt tatsächlich auch ein Hundekino. Wo und Wie??? Später kommt eine weitere und ausführliche Anleitung dazu! Es soll ja spannend bleiben.

Alles in allem muss ich sagen, war und bin ich immer noch ein sehr gelehriger Bursche. Natürlich hinterfrage ich manchmal die ein oder andere Übung. Dabei bringe ich meine Felleltern mit runzelnden Stirnfalten zum Schmunzeln. Aber sie sind schon sehr zufrieden mit mir.

Das Einzeltraining hat mir sehr viel Spaß gemacht. Es war einfach toll, jemanden für sich zu haben, der individuell ein Training erarbeitet, um an meinen Defiziten zu feilen. Ich würde sagen, hier habe ich große Fortschritte erzielt. Und als Team bin ich mit meinen Felleltern noch ein Stückchen mehr zusammengewachsen.

Die Felleltern meiner Rhodesian Ridgeback Freunde haben einen erfahrenen Ridgebacktrainer und –züchter engagiert, der uns im Stadtalltag noch sicherer machen sollte.

Dieses Training hatte es in sich und bis heute frage ich mich immer noch, warum es eigentlich Menschen gibt, die solche rutschigen, hochglanzpolierten Fußgängerpassagen bauen müssen? Die sollten mal ein Tag Hund sein. Das ist so etwas von unangenehm darauf zu laufen. Ich habe am Anfang ganz schön den Po gekniffen. Aber das Stadttraining gab mir dann doch Sicherheit. Zum Glück gehört der Stadtgang bis heute zu den eher seltenen Ausflügen in meinem Leben. Danke hierfür liebe Felleltern!

Beim Training sind wir in einem Kaufhaus mit dem Aufzug gefahren und in einer Damen-Wäsche-Abteilung gelandet. Man fand ich das interessant. Ich habe mich einfach unter die BHs gelegt und wollte nicht mehr weiterlaufen. Kann „Mann“ doch verstehen! Die Verkäuferinnen fanden es auch recht witzig und wollten mich gleich bei sich behalten. Meiner Fellmama war es wohl etwas peinlich, ich glaube, sie ist sogar etwas rot geworden. Egal, sie konnte mich dazu bewegen, mit ihr weiterzugehen. Von meiner Seite aus wäre ich da gerne ein bisschen länger geblieben! Es waren wirklich sehr nette Verkäuferinnen!

Beim Stadttraining lernte ich auch lärmende Straßenbahnen kennen und bin neben einer befahrenen Straße im „Fuß“ durch feststehende Pfosten gelaufen. Ich war in einer großen Fast-Food-Kette essen (na ja, ich habe nichts gegessen, aber brav unterm Tisch gelegen und mir den Duft von Burgern um die Nase wehen lassen) und war dort gerne gesehen.

Natürlich waren wir in der Fußgängerzone als Ridgebackgruppe eine tolle Attraktion. Vor allen Dingen haben wir uns gut benommen. Nicht nur unsere Felleltern, sondern auch unser Trainer war stolz auf uns!

Alles in allem fand ich dieses Stadttraining eine gute Erfahrung, habe aber beschlossen, meine Felleltern beim Stadtgang nicht häufig zu begleiten. Die vielen Eindrücke sind eine hohe Reizüberflutung, die ich zu bewältigen habe. Ich muss sagen, da komme ich etwas in Stress.

Ich bin einfach ein Sensibelchen!

Ja, ein sehr leidiges Thema! Meine Erfahrungen haben mir gezeigt, dass es nicht einfach ist, eine geeignete Hundeschule zu finden, die allen Bedürfnissen, sowohl meinen als auch denen meiner Felleltern, gerecht wird.

Die Tipps, die mir im Nachhinein das Lernen erleichtert haben, gebe ich gerne an Sie weiter, damit auch Ihre Fellnasen von den Übungsstunden profitieren. Somit sind wir alle glücklich und das Lernen geht viel leichter:

- Unbedingt darauf achten, dass es sich um kleine Gruppen handelt. Erfahrungsgemäß sollten nicht mehr als 6 – 8 Mensch-Hund-Teams am Training teilnehmen, um auch auf die individuellen Probleme eingehen zu können.

- Der Trainer / die Trainerin sollte sich mit der Rassekunde der verschiedenen Rassen vertraut gemacht haben.

- Gewalt? Nein danke! Rückenwurf, Würgehalsband, ständiger Leinenruck und sonstige Gewalteinwirkungen gehören nicht zur Hundeerziehung!

- Der Trainer / die Trainerin sollte sich vor Anmeldung immer in einem Einzelgespräch ein Bild machen, um uns einer entsprechenden Gruppe zuordnen zu können. Umso harmonischer die jeweilige Gruppe funktioniert, umso besser ist das Lernergebnis.

- Es sollte kein Tabu-Thema sein, Alltagsprobleme anzusprechen. Man sollte hierbei ernst genommen werden. Was ich schon kann, ist für einen meiner Fellkumpels vielleicht ein Problem und umgekehrt. Alle sollten am gleichen Strang ziehen und gemeinsam zum Erfolg streben!

3. Erziehungstipps und Erziehungshilfen

Ich behaupte ja schon, dass meine Erziehung gut gelungen ist! Komisch, dass meine Felleltern das nicht immer so sehen und deshalb konsequent mit mir üben. Ich meine, dass hier einfach ein Kommunikationsproblem besteht. Es ist aber auch nicht immer leicht zu verstehen, was Man(n) oder Frau eigentlich von mir will. Meine Stirnfalte kommt sehr oft zum Einsatz, so dass ich schon über eine Anti Aging Pflege nachgedacht habe. Gibt es so etwas eigentlich für Hunde?

Aber um wieder zur Sache zu kommen; im Laufe meiner bisherigen Lebenszeit haben sowohl ich, als auch meine Felleltern, ziemlich viel dazugelernt. Und da hier auch die richtige Kommunikation stattfand, habe ich mir bestimmt die eine oder andere Freiheit erarbeitet. Das will ich natürlich auch so weitergeben. Denn was gibt es schöneres als frei auf Feld, Wald und Wiese zu laufen, seine Nase hier und da hineinzustecken und einfach nur Hund zu sein?

Zuerst einmal, macht euch frei von dem Gerede vieler Leute. „Mein Hund war schon am zweiten Tag stubenrein!“ - wohnen die etwa in ihrem Garten? „Was Ihr Hund macht immer noch daneben?“ - JA, ich habe noch daneben gemacht und der Grund war bestimmt nicht böse gemeint. Oder wie sehen Sie das? Da ist man noch sooo klein, mitten im Spiel mit seinen tollen Felleltern und auf einmal kommt so ein Druck aus einem heraus und schon ist ein gelbes Pfützchen da. Lösung: Vielleicht Windeln für Hunde? Zum Glück waren meine Felleltern so lieb und haben nicht geschimpft. Eine Rolle Zewa, etwas Essigwasser zur Geruchsneutralisierung und schon war das Pfützchen Vergangenheit.

Anfangs habe ich die Nacht in einem hohen Umzugskarton verbracht. In diesem lag ein weich gepolstertes Schlafkörbchen. Der Umzugskarton stand im Schlafzimmer vor dem Bett meiner Felleltern. Und da ich mein schönes Bettchen nicht beschmutzen wollte, habe ich ganz dolle am Umzugskarton gekratzt als ich raus musste. Hat auch prompt geklappt! Fellmama oder –papa sind mit dem Schlafanzug und mir auf dem Arm runter in den Garten und ich konnte mich lösen. Hach, was war die Nacht danach wieder schön kuschelig.

Ansonsten musste ich nach jedem Aufwachen, Spielen, Essen, Trinken nach unten getragen werden – aber wenn Sie denken, ich hätte hier gleich mein Pfützchen gemacht, weit gefehlt. Erst einmal auf dem Rasen rumgetollt, vielleicht, aber wirklich nur vielleicht, mal ein Pfützchen hinterlassen, und wenn ich dann wieder in meiner Wohnung war – tja, dann konnte ich mich ganz entspannt lösen. Na ja, da fühlte ich mich sicher und keiner aus der Nachbarschaft schaute mir zu. Ist doch viel angenehmer, oder?!

Aber im Laufe der Zeit hatte ich meinen Rhythmus gefunden. Wenn ich es gar nicht mehr halten konnte, haben meine Felleltern mir beigebracht, auf dem Balkon in einer Sandmuschel mein Pfützchen zu machen – war ja auch draußen, sozusagen?! Die Idee mit der Sandmuschel ist übrigens wärmstens zu empfehlen.

Meine endgültige Stubenreinheit (was ein Wort) erlangte ich im Alter von 5 – 6 Monaten. Meine Felleltern konnten es kaum glauben und waren überglücklich. Ich auch! Bekam ich nach dem „Fein Pipi" oder „Fein Kaka" ein extra Leckerli – also wenn sich das nicht gelohnt hat.

Wie Sie ja bereits wissen, ist meine Mitbewohnerin eine kleine Samtpfote Namens Viva, und ganz ehrlich – ich habe nichts zu melden, sie ist die Chefin. Daran kann auch meine stattliche Größe nichts ändern.

Aber, wenn ich draußen bin, ja dann – wehe es rennt eine Katze über meinen Weg oder gar über das Feld. JUHU! Mein Jagdtrieb ist geweckt. Wenn ich an der Leine bin, verbelle ich die Katze – Mensch, kann die flitzen oder einen fauchenden Katzenbuckel präsentieren. Ist die Leine ab, renne ich dieser hinterher. Was ein Spaß!

Dann sind da noch die Hasen. Schauen mich erst mit ihren großen Ohren frech an, rennen weg und erwarten von mir ich soll nicht hinterher rennen? Das geht gar nicht! Für mich ist das ganze ein „Fang mich" Spielchen.

Tja, hier habe ich die Rechnung allerdings ohne meine Felleltern gemacht. Sie fanden mein Verhalten nämlich nicht lustig.

Hier kommt jetzt das Hundekino zur Sprache, welches ich im Einzeltraining schön geübt habe.

Ich bin brav an der Leine zum Feld gelaufen und habe mit meiner Fellmama Hasen gesucht. Kaum waren diese in Sicht, war ich ganz angespannt. Meine Fellmama blieb stehen und redete mit ruhiger Stimme auf mich ein: „Schau mal Bono, ein Hase, schau mal wie lieb der ist, ein ganz schöner Hase…."

Ich blieb dann stehen, schaute den Hasen zu und lauschte der Stimme meiner Fellmama. Diese clickerte wie verrückt, weil ich mich so artig benahm. Ich zeigte wohl ein gutes Verhalten. Irgendwann war ich entspannt an der Leine und konnte mit einem „Bono weiter geht´s“ auch locker weiterlaufen. Was wieder mit einem Click und einem Leckerli belohnt wurde. Tolle Sache, oder? Ich gebe aber zu, dass ich heute immer noch gerne Hasen hinterher jage. Wenn ich diese nicht mehr sehe, komme ich zurück und schaue, was es unterwegs noch für andere spannende Dinge zu entdecken gibt.

Die nachfolgende Übung haben wir auch bei Katzen angewandt. Allerdings sind die Katzen nicht so kooperativ wie Hasen und somit belle ich auch heute noch die eine oder andere Katze an. Perfekt ist schließlich niemand!

Aber Sie sehen, das Hundekino gibt es überall!

Zusammenfassende Trainingsanleitung:

- Mit angeleintem Hund an eine Stelle gehen, wo Hasen zu finden sind.

- Stehen bleiben und mit ruhiger Stimme dem Hund erklären, was vor ihm geschieht. Machen Sie sich keinen Kopf, was vorbeilaufende Menschen von Ihnen denken.

- Bleibt der Hund ruhig = Click. Kann er soweit entspannen, dass er nach dem Click sogar den Blickkontakt sucht, ein Leckerli anbieten.

- Sobald sich der Hund entspannt, animieren Sie ihn mit einem entsprechenden Kommando (z. B. „auf geht's") zum Weiterlaufen. Click und Leckerli.

- Diese Übung kann auch bei Pferden, Kühen, Schafen etc. angewandt werden. Hier ist wichtig, dem Hund die Zeit zu geben, sich mit dem entsprechenden „Objekt" anzufreunden und aus sicherer Entfernung dessen Gewohnheiten zu studieren. Die Entfernung je nach Entwicklungsschritt immer geringer werden lassen.

Ich kann Ihnen sagen, dass ist mal eine tolle Sache! Sobald dieser Superrückruf aus dem Mund meiner Felleltern ertönt, komme ich wie ein Blitz aus (fast) jeder Situation zurück gerannt, es lohnt sich!!!

Trainingsanleitung:

Wichtig! Sie müssen sich mindestens drei Wochen Zeit nehmen, um den Superrückruf zuverlässig zu trainieren.

Suchen Sie sich ein Wort aus, welches nicht in Ihrem täglichen Sprachgebrauch vorkommt. Wir benutzen hier das Wort „Skubbiiiiii“.... Kaufen Sie sich einen Vorrat von Katzenfutterdosen und los geht es.

1.– 7. Tag: Wenn Ihre Fellnase völlig entspannt und nichtsahnend auf seinem Schlafplatz liegt und döst, stellen Sie sich mit bereits geöffneter Katzenfutterdose neben ihn, sagen Ihr Superwort und heben ihm sofort die Katzenfutterdose unter die Nase. Er wird verwundert schauen und diese mit Wohlwollen auslecken. Diese Vorgehensweise eine Woche lang wiederholen. WICHTIG: Die Fellnase darf keinerlei Rascheln oder Dosenöffnen mit der verbunden Aktion verbinden. Daher immer darauf achten, dass sich die Fellnase in absolut entspannter Haltung befindet.

8. – 14. Tag: Jetzt kommt die Steigerung. Stellen Sie sich mit der geöffneten Katzenfutterdose in einen Raum und rufen Ihr Superwort. Im Idealfall müsste Ihre Fellnase sofort zu Ihnen gerannt kommen und den Superjackpot entgegen nehmen. Das Ganze in immer anderen Räumlichkeiten eine Woche lang wiederholen.

15. – 21. Tag: Jetzt kommen Sie in die Endphase und wir üben den Superrückruf im Freien. Gehen Sie mit Ihrer Fellnase spazieren und rufen diese aus einer absolut entspannten Situation mit dem Superrückruf zu Ihnen zurück. Heben Sie Ihrer Fellnase die Katzenfutterdose unter die Nase. Gleiche Übung am 2. und 3. Tag. Am 4. Tag die Übung in einer Situation üben, die eine Ablenkung für Ihre Fellnase darstellt, Sie aber wissen, auch ein „Hier“ würde zum sicheren Herankommen führen. 5. Tag PAUSE. 6. und 7. Tag aus einer Situation heraus mit dem Superrückruf üben, in der sich die Fellnase in einer brenzligen Abrufsituation befindet (wir sind hier an ein Feld gegangen wo Hasen sind, aber eine sichere Entfernung zur Straße bestand). Ist der Superrückruf gefestigt, müsste Ihre Fellnase sofort zurückkommen.

Bitte beachten: Ist einer der Übungsschritte noch nicht gefestigt, wieder einen Schritt zurückgehen. Üben Sie ein paar Tage länger, sonst machen Sie sich den Superrückruf kaputt. Sitzt der Superrückruf, diesen bei Nichtgebrauch alle zwei Wochen zur Festigung im Alltag einbauen. Wurde der Superrückruf in einer brenzligen Situation durchgeführt, muss dieser wieder aufgeladen werden. Gehen Sie zu Schritt eins zurück und geben Ihrer Fellnase auf seinem Liegeplatz in einer entspannten Situation den Superjackpot in Verbindung mit dem Superwort – die Auffrischung langt einmalig.

Sollten Sie die Katzenfutterdose einmal nicht dabei haben und den Superrückruf benutzen, nicht schlimm! Sobald Ihre Fellnase bei Ihnen angelangt ist, machen Sie ein Fangspiel mit ihm, loben ihn überschwänglich oder geben ihm viele, viele Leckerlis die Sie in der Tasche haben.

Ich hoffe, Sie haben die Übungseinheit gut verstanden?! Ich muss sagen, ich renne wie der Blitz zu meiner Fellmama zurück und da gibt es so was von leckerem Essen *mmmmmhhhhhh*.

Was ich aber zu meiner Schande auch gestehen muss, ab und an ist ein davon rennender Hase doch noch interessanter als der Superjackpot. Ich bin halt auch nur ein Hund!

Oh, hier kommt mein Lieblingsthema. Tja, Sie wissen ja, ich bin ein gestandener, unkastrierter Rüde im besten Alter. Da will man schon mal zeigen, wer man(n) ist! Können Sie doch bestimmt verstehen?

Meine Felleltern finden das nicht toll und deshalb heißt es für mich, dass ich bei anderen Rüdenbegegnungen – also die mag ich nicht wirklich – ganz komische Übungen machen muss. Was mich wundert, manche Übungen sind so überzeugend, dass ich ganz vergesse, dass ich eigentlich eine andere Fellnase anbellen und anknurren wollte.

Meine bisweilige Reaktion auf meist unkastrierte Artgenossen zeige ich auch nur, wenn ich rieche: „Ohhhh, dass könnte ein Eindringling in meinem Revier sein.“ Natürlich gibt es auch Hunde, die mich von weitem in meiner Sprache schon so provozieren, dass ich darauf Antworten muss. Nun ja, ich müsste nicht, aber ich will…

Da meine Fellmama das aber nicht so stehen lassen konnte, hat sie einen Kurs besucht, der sie der Hundesprache näher brachte. Ich kann Ihnen sagen, sie verstand mich und meine Artgenossen auf einmal viel besser.

Wenn ich also sehr angespannt auf manche Hundebegegnungen reagiere, kennen mich meine Felleltern mittlerweile so gut, dass sie mir den Freiraum geben und rechtzeitig einen Bogen laufen. In der Regel kann ich so auch ein wenig durchatmen und ruhig an meinem Feind vorbei laufen.

Ich habe gelernt, dass ich bei einem Zungenschnalzen meine Aufmerksamkeit auf meine Felleltern lenken soll und dafür ein Leckerli bekomme. In Situationen, die mir leicht fallen, reagiere ich auch sofort darauf. Es fällt mir aber immer noch schwer bei diversen Hundebegegnungen sofort darauf zu reagieren. Ich muss erst einmal sehen, was der andere macht. Aber ich glaube, im Großen und Ganzen sind wir alle auf einem guten Weg.

Wenn ich auf gar nichts mehr reagieren kann, schneidet meine Fellmama mir einfach den Weg ab und zeigt mir, wer hier eigentlich der Chef ist. Ich werde abrupt in eine andere Richtung gezogen. Der Blickkontakt entfällt und ich werde ruhiger. Aber eins kann ich Ihnen sagen, mein Kopf ist in solchen Situationen noch ganz schön gelenkig!

Was mich beeindruckt, ist, dass meine Fellmama an meiner Körperhaltung einschätzen kann, dass ich gleich explodiere (ob sie das im Kurs gelernt hat?). Bevor ich also richtig Action mache, zischt sie ein erschreckendes „Lass es“. Da schlucke ich meine Explosion lieber runter und laufe brav neben ihr her – mein Blick liegt zwar noch auf der mir entgegen kommenden Fellnase, aber ich traue mich dann nicht, etwas zu machen. Das „Lass es" wurde zu Anfang mit einem Wasserspritzer zwischen meine Ohren verstärkt. Das heißt, sobald ich in „Action" gegangen bin, kam ein „Lass es", ein Spritzer aus der Wasserpistole und durch den Schreck hörte ich auf meine „Action" zu machen. Dann kam sofort ein verbales Lob in einer freundlichen Tonlage. Ergebnis: Die Wasserpistole benötigen wir nur noch in ganz wenigen Fällen.

Da ich ein sehr feinfühliges Kerlchen bin, merke ich auch leichte Stimmungsschwankungen. Jeder hat mal einen schlechten Tag, oder? An solchen Tagen gehen wir stressigen Hundebegegnungen gezielt aus dem Weg. Somit ist jeder von uns entspannt und es gibt noch viele Übungstage, wo wir gemeinsam wieder loslegen können.

Zum Abschluss an die Hundebegegnungen will ich vielleicht noch anmerken, dass jeder meiner Artgenossen anders reagiert. Bei mir ist es abhängig, wer mir wie entgegenkommt. Ich kann völlig gelassen an souveränen Rüden vorbeigehen und gebe im Gegenzug mein Contra bei pöbelnden Hündinnen dazu. Dann gelingt es mir wieder nicht, ruhig an anderen Rüden vorbeizugehen, weil sie mir einfach nicht passen.

Die Sicherheit, die mir meine Felleltern durch ihre Körpersprache geben, reicht mitunter nicht immer aus, dass ich ruhig bleibe. Aber wir arbeiten hier konsequent weiter und sind auf einem guten Weg.

Lassen Sie sich also nicht entmutigen. Vielleicht sollte man einfach akzeptieren, dass man im Leben nicht alles und jeden mögen muss. Und wie sollen wir uns sonst ausdrücken? Wir können nur bellen und knurren.

Wie sagte meine Trainerin so schön: „…es ist immer noch ein Hund, es ist hündisch und gehört zur natürlichen Kommunikation dazu…“.

Als ich erwachsener wurde, hatte ich eine kurzzeitige Phase wo ich dachte, meine Felleltern müssen beschützt werden. Gerade was in meinem Revier geschieht muss doch beschützt werden, oder etwa nicht?! Ich habe es mir nicht nehmen lassen, einen Nachbarn zu verbellen, oder, mit meiner immer noch nicht gepflegten Anti Aging Runzelstirn, Menschen zu fixieren. Was hat da jetzt ein junger Mann am Zigarettenautomat zu suchen? Rauchen soll doch eh ungesund sein! Bellen wir mal an! Radfahrer im halbdunkeln und dann noch so nah an uns vorbei. Will der vielleicht noch etwas wissen? Geht gar nicht! Bellen wir mal an!

Irgendwann war es dann so, wenn ich wieder meine Territorialanstalten machen wollte, sagten meine Felleltern nur in einer gewissen Tonlage meinen Namen und nahmen mich bei „Fuß“. Was sollte das jetzt? Ich war doch der Beschützer hier? Nein, war ich vermutlich nicht! Ich konnte mich entspannen, ich merkte: Eigentlich will mir keiner etwas Böses und meine Felleltern haben alles im Griff.

Heute bin ich immer noch sehr wachsam und Fremden gegenüber kritisch, kann aber durchaus ruhig an solchen Situationen vorbeigeführt werden.

Ach ja, dann war da auch noch die Sache mit fremden Besuchern. Geht gar nicht, dass einfach fremde Leute meine Felleltern besuchen wollten. Hätten sich ruhig mal vorstellen können.

Anfangs hatte ich alles und jeden kommen und gehen lassen. Ich war auch noch klein und fand jeden einfach toll, und jeder fand mich süß. Aber, wenn man erwachsen wird, muss man doch zeigen wer der Herr im Hause ist, oder etwa nicht?

Leider konnte ich meine Neigung, Fremde anzuknurren, nicht lange ausleben. Ich wurde prompt beim Klingeln auf den Platz geschickt und mit einem „Platz“ und „Bleib“ darauf hingewiesen, dort zu bleiben. Da ich schon gut erzogen war, tat ich das auch. Na ja, ich probierte schon mal aufzustehen. Aber mein lieber Mann, ich wurde schnell wieder auf meinen Platz geschickt. Da der Besuch mich ignorierte, und ich vorsichtig den Erstkontakt aufnehmen konnte, fand ich es gar nicht mehr so schlimm, dass ein Fremder kam.

Heute kann ich ganz relaxt liegen bleiben wenn es klingelt. Bei Fremden schnuppere ich kurz, gehe aber sofort auf meinen Platz wenn es heißt: „Bono, auf deinen Platz“.

Ich glaube langsam, Übung macht doch den Meister!

Die mag ich ja besonders gerne!

Kommen mit einem klappernden und rumpelnden Fahrrad an unsere Briefkästen, Klappe auf – Post rein – Klappe zu und wieder mit Lärm und Getöse ab ans nächste Haus. Was soll das???

Wenn ich in diesem Moment aus der Haustüre komme, schlage ich zu. Wau, wau, wau – was willst du hier? Geh weg, ich mag dich nicht!

Bis zu diesem Zeitpunkt mag ich diesen leider immer noch nicht. Die Trainerin gab meiner Fellmama folgenden Tipp: Zuerst mit dem Postboten reden, ob er sich als Übungsobjekt bereitstellt. Gehen wir davon aus, seine Antwort lautet „Ja". Ich soll vor unserer Haustür ins „Sitz" gebracht werden und der Postbote soll langsam mit seinem Fahrrad an die Briefkästen kommen. Wenn ich mich ruhig verhalte, soll der Briefträger mich ignorieren und zuerst mit meiner Fellmama Kontakt aufnehmen. Ich darf dann an ihm schnuppern. Wenn ich mich immer noch ruhig verhalte, darf der Postbote sich nun an mich wenden und mir auch ein Leckerli anbieten. Ob es klappt?

Anmerkung meinerseits: Den Fahrer von einer bestimmten Lieferkette mag ich sehr gerne. Der bringt mir nämlich immer ein Leckerchen mit wenn er ein Paket bringt – sollte doch mal der Postbote probieren!

Aller Anfang ist schwer! Ich habe sehr geweint, als meine Felleltern mich für den Gang in die Waschküche alleine ließen. Sie hätten auch nicht wiederkommen können, wer weiß? Irgendwann merkte ich, sie kommen immer wieder! Alleine sein ist einfach nicht schön. Ich habe es lieber, wenn mein Rudel komplett ist. Aber manchmal geht es wohl nicht anders. Meine Vermutung hierzu ist: Sie gehen bestimmt auf Futterjagd. Warum sonst sollte es bei ihrem Zurückkommen immer eine kleine Überraschung für mich geben?

Damit die Zeit des Alleinseins schnell um ist, wird diese schön spannend gemacht. Ich bekomme ganz tolle Überraschungspakete. So gibt es z. B. leere Papp-Zewa-Rollen die mit tollen Hundekeksen, Wienerle-Stückchen oder fein gekochten Putenbruststückchen gefüllt sind. Die Rolle wird mit viel Zeitung eingewickelt. Wie ein richtiges Geschenkpaket! Wenn ich dann mit meinen Zähnen vorsichtig die Rolle aufreiße, bin ich immer überrascht, was für tolle Sachen darin zu finden sind.

Meine Fellmama kann auch toll diesen komischen Gummiball füllen. Ich glaube, der nennt sich Kong. Sie hat eine Rezeptseite ausfindig gemacht, die leckere Füllideen anbietet. Diese verrate ich Ihnen am Ende des Buches. Da der Kong sich immer hin und her bewegt, brauche ich eine ganze Zeit lang, bis ich diesen ausgeleckt habe. Im Sommer wird er sogar eingefroren und ist eine tolle Erfrischung.

Manchmal sind in der Wohnung auch Leckerlis versteckt. Da weiß ich nicht, zu welchem Zeitpunkt meine Felleltern diese verstecken. Ich finde nämlich nicht immer welche. Von daher bin ich immer beschäftigt, in alle Ecken zu schauen. Übrigens sehe ich dann auch, ob meine Fellmama fleißig alle Ecken sauber gewischt hat!

Nach diesen ganzen tollen Überraschungspaketen bin ich so müde, dass ich mich entspannt auf meinen Platz lege und ein Schläfchen halte.

Wenn meine Felleltern zurückkommen, freue ich mich ganz arg. Sie wissen ja: Das ganze Rudel ist das Größte für mich!

4. Bin ich nicht eh der Schönste?

Gerne möchte ich Ihnen vom Sein und Schein der Ausstellungen erzählen. Ich habe in diesem Bereich nur kleine Erfahrungen gemacht und bin auch froh darüber. Es gibt wirklich sehr schöne Vertreter meiner Rasse und auch seriöse und gute Züchter. Ich glaube zum jetzigen Zeitpunkt braucht man nicht noch mehr davon. Wir wollen schließlich alle eine gesunde und schöne Rassenerhaltung! Aber jetzt starte ich mal meinen Bericht im Ausstellungswesen.

Natürlich wurden meine Felleltern von der Züchterin gefragt, ob wir es nicht auf einer Ausstellung versuchen wollten. Nach Hin- und Herüberlegungen war es klar, ich sollte in Ludwigshafen auf der Internationalen Rassehundeausstellung starten. Mensch war ich aufgeregt! Um nicht ganz auf unbekanntes Neuland zu treffen und uns den ersten Stress zu nehmen, fanden meine Felleltern, es kann nicht schaden, die ersten Versuche auf einer IRJGV Rassehundeausstellungen im hessischen Lampertheim zu sammeln. Gesagt getan, der große Tag war gekommen und wir gingen dorthin. Uiiihhh, hier war was los. Kleine und große Hunde mit aufgeregten und weniger aufgeregten Felleltern. Es gab viel zu sehen. Als Unterstützung habe ich meinen Freund aus der Kinderstube mitgenommen, den schokobraune Labrador Spike. Ich fand es beruhigend, einen lieben Fellkumpel dabei zu haben.

Nach der Anmeldung kam natürlich die Zeit des Wartens. Nebenan ging es ganz schön rund im Ring. Hier wartete die Dackelvertretung. Ich staunte darüber, dass auch kleine Hunde so giftig sein können. Mit meiner Runzelstirn und einem innerlichen Schmunzeln habe ich mir das angesehen und bin ganz brav geblieben – ehrlich gesagt war es wohl die Aufregung.

Dann kam mein großer Auftritt! Ich musste mich dem Ringrichter vorstellen. Nun, er war mehr als zufrieden mit meinem Äußeren, und so durfte ich mit meiner aufgeregten Fellmama im Ring einige Runden drehen.

Da auf dieser Ausstellung von meiner Rasse nur noch eine äußerst interessante Ridgebackhündin vertreten war, lief ich mit dieser gemeinsam im Ring. Haaaa, ich kann Ihnen sagen, die roch ziemlich gut, und so machte ich meiner Fellmama im Ring ziemliche Laufbeine – wollte ich doch sooooo gerne zur Hündin.

Das Ergebnis war außer Konkurrenz und lautete: Vorzüglich! Zu meiner Freude wurde ich auch CACIB-Ausstellungssieger.

Der erste Schritt war mit Bravour gemeistert!

An einem Samstagmorgen ging es los. Ich war ganz aufgeregt, da meine Fellmama sich komisch verhielt. Irgendetwas war heute anders als sonst.

Im Gepäck war die Freundin meiner Fellmama und ein ganzer Haufen mit Decken, Schirmen, Sitzgelegenheiten – kurzum: Das Auto war voll!

Nach einer kurzen Fahrzeit kamen wir im pfälzischen Ludwigshafen an und schon ging es hektisch los. Parkplatzsuche, alle eingepackten Utensilien auspacken, mich im Schlepptau, ab durch irgendeine Gesundheitskontrolle und schon stand ich mitten auf dem Ausstellungsgelände. Und da dachte ich, meine erste Ausstellung wäre groß gewesen! Ein großer Irrtum! Dass war gar nichts im Gegensatz zudem was mich hier erwartete. Mein lieber Mann, ich war auf einmal ganz schön kleinlaut und ehrlich gesagt war es mir egal, ob da ein großer oder ein kleiner Hund vorbeilief – ich wollte einfach in der Nähe meiner Fellmama sein.

Nachdem wir uns auf der Wiese ein schönes Plätzchen ergattert hatten, sah ich ganz viele Vertreter meiner Rasse um mich herum. Was mich besonders glücklich machte, war die Tatsache, dass wir nicht in einer stickigen Halle untergebracht waren, sondern ich meine Nase auf dem Außengelände in die Luft strecken konnte.

Weil es mein erster großer Auftritt war, habe ich mir gleich ein paar meiner Freunde eingeladen. Da kamen einige Felleltern aus unserer Laufrunde zum Daumen drücken, fotografieren und filmen. Was mich besonders freute, meine Freundin, die hübsche Ridgebackhündin Baghira kam auch vorbei und hatte eine Startnummer im Ring ergattert. Mit so viel Unterstützung konnte gar nichts mehr schief gehen.

Dann kam mein großer Auftritt! Ich und viele andere Rüden starteten in der offene Klasse. Ich musste einige Runden laufen, meine Zähne zeigen, alleine laufen, wieder aus dem Ring heraus und warten. Ich gehörte zu den Glücklichen, die für eine Platzierung in Frage kamen und wurde erneut in den Ring gerufen. Hier durfte ich nochmals meine Runden drehen und wurde dann mit einem „V" und einer tollen aussagekräftigen Bewertung entlassen. Ich denke für die erste Ausstellung kann man nicht meckern.

Mein besonderes Highlight war, dass meine Fellmama von einer Züchterin angesprochen wurde. Vor dieser lief sie mit mir nochmals hin und her. Sie fragte meine Fellmama ganz viel über meinen Charakter und meine Eigenarten aus. Wusste sogar wer mein Papa war, da ich ihm sehr ähnlich sehe und fragte sodann, ob ich eine Körung als Zuchtrüde hätte. Hiermit konnten wir nicht dienen und waren sodann für die Züchterin nicht mehr von Interesse. Aber ich war ganz schön stolz, dass ich bei meiner Premiere im Ring gleich als Deckrüde ins Auge gefasst wurde. Tja, ich sag es doch immer wieder: Ich bin schon ein Prachtbursche...

Als Rückblick muss ich sagen, es war ein sehr aufregender und erfolgreicher Tag für mich. Ich habe mich sehr gut benommen und war am Ende des Tages ziemlich erledigt. Es waren doch viele Eindrücke, die mich an diesem Tag begleitet haben.

Und eine Aussicht auf Zuchtrüde habe ich nicht, da meine Fellmama entschieden hat: Es gibt genügend seriöse und tolle Zuchtkennels, die mit gesunden und wesensstarken Verpaarungen tolle Fellnasen auf die Welt bringen.

5. Mitten aus dem Leben

Wie das in einem Hundeleben so ist, passieren einem mitunter kuriose, witzige, aber auch unschöne Ereignisse. Mir liegt es natürlich nahe, Ihnen einige davon mitzuteilen. So spielt das Leben eben!

Wie kann ich mich daran noch erinnern. Es geschah in meinem ersten Lebensjahr. In einer lustigen, wilden Junghunderunde war ich unterwegs, streunte durch Wiesen, rannte über Felder, jagte hinter anderen Fellnasen her, wurde von anderen Fellnasen gejagt. Es war ein herrlicher Sonntagsspaziergang. Hundeherz was willst du mehr!

Und irgendetwas in meinem Hundeverstand hatte mir zugeflüstert, dass ein Rhodesian Ridgeback eigentlich kein Wasser mag. Von daher habe ich, bis auf wunderschöne große Pfützen, jegliche unergründliche und tiefe Wassermengen gemieden.

Doch dann passierte es!

Ich rannte mit vielen Fellnasen auf den Damm hinauf und den Damm hinunter und über den Damm wollte ich auch, aber: PLATSCH, HIIIIIIIILLLLLFFFEEEEE!!!!!! Ich lag im Wasser!!! Irgendjemand hörte ich noch rufen: „Hallo, wer von euch ist der Besitzer des kleinen Rhodesian Ridgeback????“ Ja, meine Fellmama, die sich den Spaziergang mit quatschen vertrieb, wurde auf einmal hellhörig und rief: „Ja, hier – oh Gott, ist etwas passiert?“

Nein, es war nichts passiert! Ich hatte nur meine erste Erfahrung mit den Tiefen des Wassers gemacht, war pitsche patsche nass und jetzt????

Nun, ich war noch jung, schüttelte mich ganz entsetzt, rannte hilfesuchend zu meiner Fellmama und holte mir ein paar tröstende Worte mit einer kleinen Knuddeleinheit ab. Weiter ging es.

Nachdem ich fast trocken am Auto angelangt war, kuschelte ich mich in den Kofferraum und träumte auf der Heimfahrt von einem wunderschönen Hundespaziergang.

Aber Wasser mag ich bis zum heutigen Tag nicht wirklich!

Soll mal einer sagen, ein Wellnessurlaub kostet viel Geld. Kann man eigentlich ganz günstig haben. Man packe seine Felleltern ins Auto, fahre an die Nordsee und warte ab, dass das Meer verschwindet, und man in die Weiten der Ebbe blicken kann. So geschah es auch!

Meine Felleltern dachten, es wird ein schöner gemütlicher Strandspaziergang. Es war auch schön, bis ich, Bono Back, die Möwen in der Ferne der Ebbe erblickte. Es gab kein Halten mehr. Ab in das Meer, welches gar nicht da war und in Richtung Möwen. Ich kann Ihnen sagen, es war ganz schön schwer durch das Watt zu spurten. Und außerdem entschlossen sich die Möwen, schreiend davon zu flattern, als ich in deren Nähe kam. Doofe Möwen, wollte ich doch so gerne mit denen spielen, Pech gehabt! So zog ich es vor wieder zu meinen Felleltern zurückzulaufen, die schon schreiend am Strandufer standen. Hach, was war ich glücklich – bis ich die entsetzten Gesichter meiner Felleltern sah. Was war los?

Ich kann es mir nur so erklären, dass mein von Schlamm übersäter Körper, der einen leichten Fischgeruch von sich gab, sie zu diesem Gesichtsausdruck veranlasste. Dabei sagt man doch immer, Schlammpackungen sind sehr reichhaltig und machen eine wunderbar weiche Haut. Und gekostet hat es auch nichts! Und dann solche Gesichter?!

Mein Ausflug endete leider nicht zur vollsten Zufriedenheit für mich, da ich mich mit meiner Fellmama zuhause umgehend in die Dusche begeben musste und zweimal mit Shampoo gewaschen wurde. Ehrlich gesagt hat mir der Fischgeruch viel besser gefallen.

Übrigens lachen meine Felleltern heute noch immer über diese Geschichte!

In meinen jungen Jahren gab es auch eine Angstphase. Alles und jeder, der nicht so aussah wie er aussehen sollte, kam mir komisch vor.

Ein kleines Beispiel hierfür ist das große Auto, welches mit lauten Geräuschen vorfährt und mit noch lauteren Geräuschen die Mülltonnen leert. Es ist orange!

Ich kann Ihnen sagen, sobald ich dieses orangene Monster gesehen habe, dachte ich, der einzige Schutz den ich habe ist, mich sofort im hier und jetzt auf den Boden zu schmeißen. Nein, ich gehe hier nicht weiter – wer weiß, vielleicht werde ich auch in den Container geworfen, unvorstellbar! Und weiterziehen lass ich mich sowieso nicht. Oder ziehen Sie einen mittlerweile um die 20 kg. schweren Ridgeback einfach über die Straße? Das gäbe ganz schöne Scheuerwunden!

Ich glaube, am Anfang standen meine Felleltern dieser plötzlichen Angstphase ziemlich ratlos gegenüber. Aber dann hatten sie eine gute Eingebung.

Was würde Ihnen helfen, wenn Sie mit Angst vor etwas zu kämpfen haben? Würde es Ihnen helfen, wenn Sie angeschrien oder gar gezwungen würden weiterzugehen? Wohl kaum.

Ich fand es ein beruhigendes Gefühl, als meine Felleltern sich in meine Höhe begaben. Gut, sie haben sich nicht neben mir auf den Boden geschmissen, aber zumindest neben mich gekniet und beruhigend auf mich eingeredet. Meine Fellmama hatte noch die Idee, mich mit einem besonderen Leckerli in der Hand zum Weiterlaufen zu bewegen. Die Ruhe und Ausstrahlung meiner Felleltern gab mir in dieser Phase das nötige Selbstbewusstsein um weiterzulaufen. Und eigentlich war das orangene Monster gar nicht so schlimm! Viel Lärm und nichts dahinter!

Somit gehört meine „orangene“ Angstphase der Vergangenheit an!

Eigentlich kann ich es kaum glauben, dass mein „umgekehrtes“ Fell auf dem Rücken immer noch erstaunte Blicke mit sich bringt. Habe ich nicht etwas gehört, dass der Rhodesian Ridgeback zum Modehund tendiert? Nun ja, ein Ridge ist schon ein Modehighlight, oder?!

Kurzum, Fragen wie: „Ist der Böse, der stellt den Kamm?“ über: „Oh, ich komme Ihnen nicht zu nahe, der stellt die Haare!“ – kommen mir nicht mehr komisch vor.

Das Witzigste, was ich allerdings erlebte, war eine Dame im Wald, die ihre Windhündin ausführte. Nach einem kurzen Plaudern mit meiner Fellmama (ich muss Ihnen jetzt nicht sagen, dass das Thema Hund war….), stellte sie doch glatt die Frage: „Und wie frisieren Sie denn Ihrem Hund den Rücken? Ist das eine besondere Schneidetechnik oder müssen Sie gar ein besonderes Spray dazu verwenden? Das sieht sehr interessant aus.“

Meine Fellmama konnte sich ein lautes Lachen nicht verkneifen und erklärte ihr, dass das ein rassetypisches Merkmal des Rhodesian Ridgeback ist.

Na ja, im Grunde genommen kann man auch nicht alles wissen. Aber die ein oder andere lustige Frage bringt mein Fellkleid schon mit sich.

Es war einmal...

...so kann diese Geschichte durchaus beginnen.

Es war einmal ein wunderschönes Schlafplätzchen alleine für mich. Ein schönes Ridgi-Pad zierte das Wohnzimmer und in der Nacht das Schlafzimmer. Zugegeben, es war schon sehr bequem und ich konnte mich darauf ausstrecken. Aber finden Sie es nicht auch schöner, wenn Sie mit uns einen intensiven Körperkontakt pflegen? Also ich habe meine Felleltern sehr gerne um mich herum und lasse mich beschmusen.

Wenn da nur nicht dieser zugewiesene Schlafplatz wäre...

Da ich ein schlaues Kerlchen bin, fing ich damit an, eine Kuhle im Ridgi-Pad zu graben. Nachts, wenn meine Felleltern schliefen, schlich ich mich heimlich ins Bett und legte mich leise an deren Fußende – ich sag Ihnen, ich konnte mich klein machen und wurde nicht bemerkt! *Anmerkung: Auch heute kann ich mich für meine Größe noch richtig klein machen!* Ansonsten arbeitete ich weiter an meiner Kuhle.

Und irgendwann hatte ich es geschafft! Die Kuhle war durch! Der Inhalt des Ridgi-Pads verstreute sich in der ganzen Wohnung! Mein Werk war vollbracht!

Was ein Pech aber auch, ein Neues gab es nicht!

Ich hatte es geschafft, die Couch und das Bett waren endgültig erobert! JUHU! Aber glauben Sie nicht, dass es eine große Gegenwehr meiner Felleltern gab, im Gegenteil.

Heutzutage werde ich an kühlen Tagen als Bettflasche genutzt und auf der Couch kuschle ich am liebsten mit unter der Decke. Ein Hundeleben hat auch schöne Seiten.

Und gaaaaaanz tief in meinem Herzen bin ich ein kleiner Schoßhund in einem zu groß geratenen Körper!

Ich war gerüstet, der tägliche Abendspaziergang durch mein Revier stand an. Mit Blick nach rechts und links lief ich durch die Straßen und sicherte ab, ob sich auch nichts geändert hatte.

Doch was war das??? Hier stimmte etwas nicht…

Das ließ ich natürlich gleich verlauten. Mit aufgeblähten Backen, einem zögerlichen wuff… wuff… und einem verdoppelten Ridge näherte ich mich dem Objekt. Es war mir nicht ganz geheuer, was ich sah.

Stand da völlig unbeeindruckt von mir ein ca. ein Meter hoher rauchender Igel in einem Vorgarten und machte keine Anstanden sich zu bewegen. Sah ich doch soooo gefährlich aus. Ich lief daran vorbei, drehte mich um, sprang wieder auf den Igel zu, lief wieder weg und wunderte mich…

…mein Fellpapa konnte sich ein Lachen nicht mehr verkneifen.

Nach genauem Betrachten sah ich, dass der Igel ein Zierobjekt im Garten war.

Pah, was sich die Menschenwelt alles einfallen lässt – und das in meinem Revier!

6. Tipps zur Ernährung

Über Ernährung könnte man Buch für Buch schreiben.

Was auch die Tatsache spiegelt, dass es vielfache Ernährungsfachbücher auf dem Markt gibt.

Ich für mich habe nach allergischen Reaktionen auf Futter schon einiges ausprobiert. Letztendlich habe ich eine sehr gute Kombination aus einem hochwertigen Trocken- und Nassfutter gefunden, das ich vertrage, das mir schmeckt, mich fit hält und gut aussehen lässt.

Meine Mahlzeiten nehme ich zweimal täglich zu mir. Die Zeiten sind je nach Aktivität variabel. Wenn mein Tag allerdings geregelt abläuft, bekomme ich um 12.00 Uhr und um 18.00 Uhr mein Fressen. Nach dem Essen muss ich eine strenge Ruhephase von zwei Stunden halten, um die Gefahr einer gefährlichen Magendrehung zu reduzieren.

Mitunter lässt es sich meine Fellmama aber nicht nehmen, das ein oder andere „Schmankerl“ für mich zu kochen oder zu backen.

Meine Lieblingsrezepte möchte ich hier kurz weitergeben. Vielleicht kochen Sie Ihrer geliebten Fellnase mal das ein oder andere nach.

Glauben Sie mir, sie werden Sie noch viel mehr lieben!!!

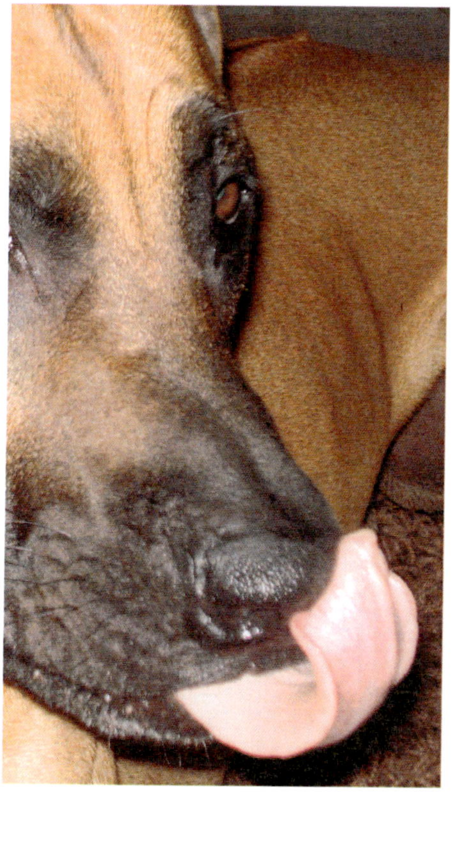

„Lecker-Schmecker Fleischtopf"

Zutaten:

250 g Rindfleisch abkochen

200 g Haferflocken mit

1 Ei und

3 EL kalt gepresstes Öl vermengen und mit etwas Brühe des abgekochten Rindfleisches quellen lassen.

150 g rohe Karotten raspeln, 1 Salatblatt kleinschneiden und 1 EL Petersilie (frisch oder gefroren) untermengen.

Alle Zutaten zusammenmengen und einen halben Becher Hüttenkäse unterheben.

Guten Appetit!

„Schmackhafter Hühnchentopf“

2 große Hähnchenschlegel abkochen

1 kl. Tasse Vollkornreis in der gekochten Hähnchenbrühe quellen lassen

½ Zucchini und ½ Karotte klein raspeln und mit

2 EL kaltgepresstem Öl und 1 EL Petersilie vermengen

Alle Zutaten zusammenfügen und mit Hähnchenbrühe vermengen.

Guten Appetit!

„Süße Zwischenmahlzeit“

1 Tasse zucker- und rosinenfreies Müsli in heißem Wasser quellen lassen

1 EL Honig mit 1 Becher Quark vermengen

1 Banane kleinschneiden

Alle Zutaten zusammenfügen und servieren!

„Zahnrein"

Damit meine Zähne gereinigt werden, bekomme ich jeden Tag entweder einen Vollkornzwieback, ein halbes getrocknetes Vollkornbrötchen oder eine Scheibe getrocknetes Vollkornbrot. Meine Zahnbeläge werden so einfach abgescheuert. Da das Brot an sich für mich nicht wirklich attraktiv vom Geschmack ist, bekomme ich eine hauchdünne Schicht Bio-Leberwurst darauf. Was glauben Sie wie meine Zahnrein-Schnitte schnell weg sind! Einfach lecker!!!

„Super-Leberwurst-Leckerli"

Bestens geeignet für Trainingszwecke!!!

500 g Leberwurst in

250 ml heißes Wasser einrühren

500 g Vollkornmehl und

2 Eier mit zerdrückter Schale unterrühren.

Das Ganze auf einem Backblech glatt streichen, bei 170 C° im Backofen 30 Min. backen und auskühlen lassen. Danach in Würfel schneiden und im Kühlschrank aufbewahren.

7. Tipps bei kleinen Aua`s oder was in einer Hundeapotheke nicht fehlen darf

Ich bewege mich viel im Freien und so kommt es hin und

wieder vor, dass ich mir eine Erkältung einfange, die Pfote verletze, oder die eine oder andere Wunde entsteht. Mittlerweile ist meine Hundeapotheke sehr gut ausgestattet. Hier ein kleiner Einblick:

- Zinksalbe = hilft gut bei Hautrötungen oder kleineren nässenden Wunden
- Jod = wird zur Desinfektion bei offenen Wunden genommen
- Zeckenzange = die darf wirklich nicht fehlen! Meine Zecken lassen sich am besten und ohne abzubrechen mit dem Zeckenhaken von oTom entfernen.
- Bephanten Augensalbe = hilft mir, wenn ich durch viel Wind, Schnee oder Regen etwas gerötete oder trockene Augen habe. Einfach etwas Augencreme um meine Augenlider, und ich strahle wieder.
- LR Aloe Vera Notfall Box = eine Kombination aus Spray, Concentrat und Propoliscreme, einfach für alles und mein absoluter Favorit.
- Fenchelhonig = vermischt mit etwas Joghurt hilft dieser wunderbar bei Erkältung. Und schmeckt!

- Kohletabletten = wenn der Durchfall schneller kommt als man denkt, variiert mit einer feinen Schonkost aus Hühnchen, Reis und Karotten geht es in der Regel meinem Bauch ganz schnell wieder gut!

- Leukostrip°s = Klammerpflaster für kleine Risswunden die nicht genäht werden müssen

- Betaisodona Salbe = Wundsalbe zur Desinfektion und Heilung

- Globuli Arnica D 6 = 6 Globulis 3xtäglich bei offenen Wunden zur schnelleren Wundheilung. Einfach in meine Lefzen legen, löst sich von selbst auf!

- Actihaemyl Salbe = Die Wundersalbe bei offenen Ohrspitzen

- Pfotenpflegestift / Vaseline = Um gegen Streusalz gewappnet zu sein

- ABS-Babysocken kochfest = Damit mein Pfotenschutz schön einziehen kann oder auch zum Schutz bei Pfotenverletzungen

- Euphrasia D3 Augentropfen = bei tränenden Augen während der Blütezeit von Korn

8. Spiel und Spaß für Drinnen und Draußen

Irgendjemand hat mal behauptet, dass wir Fellnasen

neben der körperlichen Auslastung, die wir auf Wald, Wiese und Feld gerne in Anspruch nehmen, auch den Geist durch unsere Felleltern fördern lassen sollen. Nun ja, damit der Geist nicht zu kurz kommt, haben meine Felleltern sich einige Sachen einfallen lassen, die mir sehr viel Spaß machen.

Ich erkläre Ihnen in Kurzform einige Spielideen, die auch schnell umzusetzen sind. Wenn Sie z. B. an der Fährtensuche oder am Maintrailing ein größeres Interesse haben, gibt es Hundeschulen, die dies anbieten oder entsprechende Kurse durchführen.

Grundausstattung: Ein Geschirr für Ihre Fellnase, eine Schleppleine, zwei Stangen für den Anfangs- und Endpunkt der Fährte, einige bunte Wollfäden oder Geschenkbänder (diese in ca. 10 cm. Streifen schneiden), eine dünne Schnur an der z. B. ein Stück Fleischwurst angebunden werden kann und los geht es:

Sollten Sie zum ersten Mal mit der Fährtenarbeit beginnen, machen Sie es Ihrer Fellnase leicht und beginnen zu Hause im eigenen Garten oder auf einer abgelegenen Wiese. Bringen Sie Ihre Fellnase in ein „Sitz“, „Platz“ und „Bleib“, oder binden Sie Ihre Fellnase an einen Baum, falls diese noch nicht zuverlässig und ruhig an einer Stelle ausharren kann.

Stecken Sie eine Stange an den Fährtenanfang und markieren diesen zusätzlich, indem sie mit ihrem Fuß eine kleine Furche im Boden erzeugen. Ziehen Sie nun die an der Schnur befestigte Fleischwurst hinter sich her. Immer, wenn Sie eine Ecke einbauen, legen Sie hier einen Wollfaden und ein Leckerli zur Orientierung aus. Bauen Sie bei der ersten Übung nur eine Ecke ein. Wenn Sie am Endpunkt angelangt sind, stecken Sie wieder eine Stange in den Boden und legen ein paar Leckerlis dorthin. Gehen Sie nun in einem großen Bogen zu Ihrem Hund zurück. Unbedingt darauf achten, dass Sie nicht den gleichen Weg nehmen wie die bereits gelegte Fährte, da dies die Fährtenstrecke verfälscht.

Nehmen Sie nun Ihre Fellnase und schicken Sie diese mit einem „Such“ auf die Fährte. Sollte Ihre Fellnase einen anderen Weg einschlagen wollen als die von Ihnen gelegte Fährte, bleiben Sie ruhig auf der Stelle stehen, halten die Schleppleine kurz und probieren mit einer Handbewegung die richtige Richtung anzuzeigen. Sobald die Fellnase wieder auf dem richtigen Weg ist, geht’s munter weiter. Am Ende angekommen wird die Fährte mit einem überschwänglichen „Super“ oder „Prima gemacht“ aufgehoben, damit unsere Fellnase weiß, die Fährte wurde erfolgreich zu Ende gesucht.

Den Schwierigkeitsgrad kann man erhöhen, indem man mehrere Eckpunkte einbaut, keine Leckerlis mehr an den Eckpunkten liegen, oder die Fährte mit der Fleischwurst nur noch „gedippt“ wird, was heißt, die Fleischwurst berührt nur alle paar Meter den Boden. Ebenfalls kann die Fährte auch quer durch den Wald gelegt werden. Es gibt viele Ideen eine Fährte zu legen. Den Möglichkeiten sind keine Grenzen gesetzt!

Überanstrengen Sie Ihre Fellnase nicht und machen nach zwei bis drei Fährtengängen Schluss. Die Suche ist eine enorme Anstrengung, auch wenn es nicht so aussieht!

Ach ja, wie heißt es so schön: Ridgebacks sind keine Apportierhunde. Wie wahr, wie wahr – ich zumindest finde keinen Sinn darin, irgendwelche Gegenstände, die meine Felleltern mit komischen Geräuschen von sich werfen, wieder zu bringen? Guuuuut, ab und an… aber!!!!

Eine liebe Trainerin brachte uns auf eine tolle Idee. Ich bekam eine Plüschente gekauft, die einen Hohlbauch mit Quietschie hat. Das Quietschie wurde entfernt und der Hohlbauch mit feinen Leckereien gefüllt. An die Leckereien kam ich natürlich nur dran, wenn ich die Plüschente meiner Fellmama brachte. Und hier haben wir ein ganz tolles Spiel entwickelt.

Ich muss an einer Stelle warten. Meine Fellmama läuft weg und versteckt die fein gefüllte Plüschente irgendwo im Gebüsch. Ich versuche mir natürlich genau zu merken, wo die Plüschente hingelegt wurde, bin ja kein Dummerchen! Dann kommt meine Fellmama zu mir zurückgelaufen und schickt mich mit einem „Bono, such“ auf den Weg. Tja, ganz so einfach ist es dann doch nicht, und meine gute Nase muss schon etwas schnuppern, um die Plüschente zu finden. Wenn ich diese dann habe, ruft meine Fellmama mir zu „Bono, bring“, und ich renne schnell mit der Plüschente im Maul zurück, damit der Bauch geöffnet wird, und ich einige Leckereien daraus essen darf. Wir machen das Spiel meistens so drei- bis viermal auf einem Spaziergang, dann wird die Ente wieder weggepackt.

Ich muss Ihnen sagen, so macht selbst mir als Ridgeback das „Plüschenten-Apportieren" Spaß und es bleibt interessant, weil die Ente immer wieder verschwindet.

Sollten Sie also auch ein faules Apportier-Fellkind zu Hause haben, probieren Sie es doch einmal mit einem ausgehöhlten Plüschtier. Da ist Spaß garantiert!

TIPP: Wenn Ihre Fellnase das Apportieren noch nicht kennt, wird dies am Anfang mit einer Schleppleine und einem Clicker geübt. Bringen Sie Ihre Fellnase ins „Sitz" und legen in ca. 5 Meter Entfernung den Gegenstand auf den Boden. Jetzt schicken Sie Ihre Fellnase zu dem Gegenstand. Sobald Ihre Fellnase am Gegenstand angelangt ist und den Gegenstand ins Maul nimmt, ein „click", dann das Kommando „… bring". Hier der Fellnase helfen, indem die Schleppleine an sich herangezogen wird. Sobald die Fellnase bei Ihnen angelangt ist und Ihnen den Gegenstand überlässt, ein „click" und ein Leckerchen.

Wie soll ich es sagen? Ich bin definitiv kein Regenhund! Somit wird bei starkem Regen der Spaziergang schnell beendet und das ist auch gut so. Damit aber keine Langeweile aufkommt, finde ich es ganz toll, wenn man mich im Trockenen mit Suchspielen beschäftigt. Natürlich kann ich alles Mögliche suchen, aber am meistens macht es Spaß, wenn sich meine Felleltern verstecken.

Das „Such mich“ Spielchen erklärt sich eigentlich fast von alleine. Sind meine Felleltern zusammen anwesend, versteckt sich der ein oder andere in diversen Zimmern, unter Wolldecken, unter dem Tisch und auch schon mal im Schrank. Wenn ich dann das Kommando „Bono, wo ist die Mama? Such!“ oder „Bono, wo ist der Papa? Such!“ bekomme, renne ich ganz aufgeregt in der Wohnung umher und versuche mein Bestes. Wenn ich dann einen von beiden finde, freu ich mich riesig!

Natürlich spielen wir das auch, wenn nur ein Teil meiner Felleltern anwesend ist. Dann versteckt sich jemand und ruft aus irgendeiner Ecke ganz leise „Bono“. Da gehen meine Ohren in die Höhe und ich fange an zu suchen.

Das gleiche Suchspiel machen wir mit gefüllten Zewarollen und Quietschetierchen – Sie sehen, der Fantasie sind keine Grenzen gesetzt. Hauptsache, es macht Spaß!

Eine tolle Kopfarbeit ist das Spiel mit Schuhkarton und Chipsdose.

Man nehme einen Schuhkarton, idealerweise mit einem Klappdeckel. Ein paar Löcher in den Deckel und die Seiten stechen. Dann wird der Karton mit ein paar Leckerlis gefüllt. Ich bekomme den Karton unter die Nase gehalten und muss überlegen, wie ich an die Leckerchen komme. Anfangs habe ich geschnuppert, mit der Pfote gekratzt und einiges probiert. Dann habe ich es geschafft mit der Nase den Deckel zu öffnen und die Snackbar war eröffnet.

Das macht viel Spaß und, da wir das Spiel nicht täglich spielen, überlege ich immer wieder aufs Neue, wie ich an die Snackbar gelange!

Komplizierter wird es mit der Chipsdose!

Entfernen Sie den Boden der Chipsdose. Schneiden Sie nun drei bis vier waagrechte Rillen in die Chipsdose und stecken Sie in jede Rille einen kleingeschnittenen Karton. Die Ecken des Kartons müssen links und rechts noch herausschauen. So entsteht ein Labyrinth. Nun legen Sie auf den oberen Karton z. B. ein kleines Wienerle und verschließen die Dose mit dem Deckel. Jetzt muss ich meinen Kopf ganz schön anstrengen. Denn nur, wenn ich jedes Kartonstück aus den Rillen ziehe, fällt die Wurst von oben nach unten und ich komme an mein Ziel.

Auch eine sehr schöne Übung, die einiges an Kopfarbeit von mir abverlangt.

Meine ehrliche Meinung: Es könnte viel öfter Regnen!

Ich könnte Ihnen noch viel mehr Spielideen nennen, aber schauen Sie doch mal auf die Internettipps, da gibt es eine tolle Seite mit wunderbaren Ideen. Langeweile wird zum Fremdwort!

9. Der ganz normale Alltag mit einem Rhodesian Ridgeback oder auch ein „Erfahrungsbericht“

Bevor der Gedanke nach einem Buch aufkam, hat meine

Fellmama vor längerer Zeit einen Erfahrungsbericht geschrieben, der sich aus dem Zusammenleben mit mir ergab. Es werden einige Parallelen geben, die ich aus meiner Sicht hier schon niedergeschrieben habe.

Es wird spannend!

Aber pppsssstttt, den Bericht habe ich heimlich entwendet...

Anmerkung: Der nachfolgende Bericht wurde so übernommen, wie er ursprünglich geschrieben wurde. Dies soll verdeutlichen, wie sich im Alter von ca. drei Jahren das Zusammenleben mit Bono gestaltete.

Erfahrungsbericht

aus dem Alltag mit einem ca. 3jährigen unkastrierten Rhodesian Ridgeback Rüden

Einleitung:

Die erste Frage, die einem oft gestellt wird, wenn man sich einen Rhodesian Ridgeback anschaffen möchte: „Sind Sie Ersthundbesitzer?" Damals war meine Antwort ein deutliches **„NEIN"**. *Heute würde ich mit einem klaren* **„JEIN"** *antworten.....*

Warum **„NEIN"***??? Ich selbst bin mit Hunden groß geworden. So durfte ich in meiner Kindheit zwei Cavalier King Charles Rüden, eine kleine Mischlings- und Bullterrierdame als Familienmitglieder betrachten und mich mit diesen bei gemeinsamen Spaziergängen, Tobe- und Schmuseeinheiten freuen. Erziehung? Ja hatten sie, aber im Grunde nicht von mir – als Kind / Jugendliche sieht man das nicht so eng oder einfach aus einem ganz anderen Blickwinkel...*

Warum „**JEIN**"??? Nimmt man sich einen süßen, 12wöchigen Rhodesian Ridgeback Welpen mit nach Hause, wird man zum ersten Mal Mama und alles sieht ganz anders aus. Ich bin in meiner Kindheit mit Hunden aufgewachsen, aber: Die Verantwortung lag nie zu 100% auf meinen Schultern, das änderte sich jetzt zu eben 100% und ist etwas ganz anderes! Jetzt bin ich diejenige, die den weiteren Weg meiner Fellnase prägt... Darum eben „**JEIN**"!!!

Und auf die Frage: „Kennen Sie sich mit der Rasse Rhodesian Ridgeback aus?" Natürlich ein deutliches „**JA**!" Das ´zigste Buch gelesen, im Internet recherchiert, sich über die Rasse in- und auswendig informiert, auf Ausstellungen gewesen. Kurz und bündig, der perfekte neue Rhodesian Ridgeback Besitzer!!!

So gut informiert kann doch eigentlich gar nichts schief laufen. Eine tolle Rassebeschreibung, einfach ein völlig problemloser Hund. Na dann – lesen Sie mal weiter ...

Ein Auszug aus der Rassebeschreibung des Rhodesian Ridgeback:

... hohe Reizschwelle ... zurückhaltend ... ohne Scheu und Aggression

... lange Entwicklungszeit ... sensibel

Kurzfassung der Entwicklungsphasen 12 Wochen – 3 Jahre

Bhubesi – kurzum von uns umgetauft in BONO zog ein...

... im Alter von 12 Wochen! Klein, süß, irgendwie zuviel Fell um ihn herum und mit spitzen Zähnen, machte er fortan unser Leben interessanter.

Wir hatten wirklich großes Glück. Bono ließ uns in der Nacht einige Stunden schlafen. Meist ging es gegen 22.00 Uhr ein letztes Mal runter in den Vorgarten. Dann wurde er in einen eigens für ihn gebastelten Umzugskarton, mit weich ausgestatteter Liegefläche, direkt vor unserem Bett zum Schlafen hingelegt.

So gegen 04.30 – 05.00 Uhr weckte uns die kleine Fellnase, indem er versuchte aus dem Umzugskarton herauszuklettern – wir konnten ihn schnappen und zur Geschäftsverrichtung nach unten tragen. Ich kann nur jedem empfehlen, sich solch eine Lösung wie den Umzugskarton auszudenken, denn i. d. R. machen die Welpchen nicht in ihr Schlafnest. Die Welpenzeit verlief bei uns problemlos. Wir besuchten die Welpenspielstunde, achteten sehr streng auf die empfohlenen Spaziergänge zwecks des Wachstums und der Knochen (pro Lebenswoche 1 Min.) und auf eine welpengerechte Ernährung. Bonos Lieblingsbeschäftigung war die systematische Zerlegung unserer Adiletten oder sein Stoffspieltier auszuhöhlen und den Inhalt in der ganzen Wohnung zu verteilen. Die spitzen Zähnchen, die wir beim Spielen so zu spüren bekamen, sollte man nicht außer Acht lassen.

Alles in allem bekamen wir die Welpenzeit gut um und waren rundherum glücklich mit unserem Rhodesian Ridgeback. Wir besuchten von der Welpenspielstunde bis *hin zum Junghundetraining und Rüpelkurs die Hundeschule und dachten, da kann eigentlich nichts mehr schief laufen.*

Doch ganz ohne Probleme ging es auch nicht. Deshalb möchte ich in den folgenden Lebensabschnittsphasen auf die diversen ***„Verhaltensprobleme“*** *und die uns geholfenen Trainingsmethoden eingehen.*

Ängstlichkeit... ca. 7 Monaten

Die erste Hürde die wir zu nehmen hatten war, dass Bono plötzlich auf alles überaus ängstlich reagierte, sich neben parkende Autos warf und nicht mehr weiterlaufen wollte. Absolut unheimlich waren diese großen stinkenden Müllautos – hier kam die eingebaute Fußbremse zum Einsatz und ein Weiterlaufen wäre ohne Gezerre nicht möglich gewesen.

Trainingsmethode:

Sobald Bono sich nicht mehr weiterbewegen wollte oder flach auf der Straße lag, setzte ich mich neben ihn in die Hocke und redete beruhigend auf ihn ein (ich vermied es aber, ihn in dieser Situation zu streicheln, da dies aus meiner Sicht eine Bestätigung auf sein Verhalten gewesen wäre). Ich hielt ihm ein Leckerchen unter die Nase und wenn er danach schnappen wollte, ging ich mit meiner Hand ein Stück nach vorne, so dass er gezwungen war aufzustehen, um an das Leckerchen zu kommen. Sobald er den ersten Schritt tat, machte ich gute Stimmung mit meiner Stimme ... fein, prima, toller Bub... und zog ihn sanft aus der Situation heraus. Mit dieser Methode hatten wir in kürzester Zeit Erfolge und die Phase war schnell überwunden.

Hinterherjagen von Joggern, Inlinern, Fahrradfahrern... ca. 9 Monate

---

Auch das war auf einmal interessant! Alles, was sich schnell bewegte, wurde als „Jagd- und Spielziel" auserkoren und man musste hinterher laufen. Am besten noch vor Freude bellen. Zum Glück kam es Bono nie in den Sinn nach dem

„Opfer" zu schnappen oder gar jemanden vom Fahrrad zu holen.

Trainingsmethode:

Hier fing ich an, vorausschauend beim Spaziergang zu sein und mit dem Clicker zu arbeiten (es gibt sehr gute Fachliteratur oder man besucht bei einem guten Hundetrainer einen Clickerkurs). Sobald wir einen Fahrradfahrer oder ähnliches aus der Weite sahen, wurde das ruhige Verhalten von Bono geclickert und mit einem Leckerli belohnt. Dann wurde Bono zum Sitzen gebracht, und das Objekt der Begierde konnte im besten Fall an uns vorbei fahren, ohne dass Bono aufgesprungen ist. Zur Verstärkung haben wir uns an einer Joggingstrecke auf die Bank gesetzt und die Jogger an uns vorbei gelassen. Jedes ruhige Verhalten wurde geclickert und belohnt. Somit konnte auch dieses Problem mit konsequenter Übung zuverlässig abgelegt werden.

Wer kennt das nicht – glücklich all diejenigen, deren Hunde das Jagen uninteressant finden. Auch hiervon blieben wir nicht verschont und Übung war angesagt. Wobei ich hier anmerken möchte, dass Bono keinen ausgeprägten Jagdtrieb hat und ich mit der nun angewandten Trainingsmethode sehr erfolgreich war.

Trainingsmethode:

Kurzum kam, als diese Phase anfing, die Schleppleine zum Einsatz.

Wir haben auf unserem Feld „Hasenkino" trainiert: Bono sah den Hasen und hing springend in der Leine – stehenbleiben bis Hund sich beruhigt und nur noch schaut – fürs ruhige schauen clickern & loben – beruhigend auf den Hund einreden und ihm die Zeit des „Hasenkino" anschauen geben. Irgendwann wird der Hase uninteressant und der Hund wendet sich einem zu – hier sofort clickern & Leckerli, freudig aus der Situation gehen. Mit der Zeit werden Hasen als „normal" erkannt und somit uninteressant.

Heute klappt es fast immer, wenn ich Bono mit einem deutlichen „NEIN“ davon abhalte, diesem hinterher zu laufen. Auch das „Hasenkino“ wird von Bono selbständig immer wieder angewandt – ich schau mal den Hasen zu und lese lieber die anderen Hundespuren. Aber auch hier bestätigen Ausnahmen die Regeln. Wenn direkt vor seiner Nase ein Hase aufspringt, flitzt Bono diesem hinterher. Man darf es nicht vergessen: Es ist immer noch ein Hund, der in Afrika zur Löwenjagd eingesetzt wurde. Dieser Urinstinkt bleibt immer vorhanden!

Hundebegegnungen - Aggressionsverhalten gegenüber unkastrierten Rüden… ca. ab 18 Monate

Hier fällt man irgendwann aus allen Wolken, wenn der Hund plötzlich erkennt: Ich werde erwachsen, meine Hormone spielen verrückt, es gibt gut duftende Hündinnen, es gibt Konkurrenz, bin ich stärker oder nicht…

Was ich anfangs als Unart sah, dass auf einmal andere Hunde –vorwiegend Rüden- angeknurrt wurden oder sich der Ridge in alle Richtungen verdoppelte, und ich nicht mehr ruhig und gelassen an diversen Rüden vorbei laufen konnte, hat sich schnell in ein „Aggressionsverhalten“ gesteigert. Wobei ich mit diesem Wort sehr vorsichtig umgehen möchte. Es gibt viele unterschiedliche Aggressionsmuster beim Hund. Man muss unterscheiden, ob es sich um Angst-, Dominanz- oder Territorialaggression handelt. Im Anhang nenne ich Ihnen ein Buch, welches die verschiedenen Muster deutlich erkennbar macht. Hier habe ich gemerkt, dass man mit vielen Menschen das gleiche Problem hat. Wird aber einerseits als unfähig oder nicht konsequent genug hingestellt. Manchmal kommt es mir wie ein Tabuthema vor.

Ich habe erkannt, dass gerade bei diesem Problem die Trainingsmethoden sehr individuell sind und es einen langen Weg braucht, bis man für sich die richtige Methode gefunden hat. Wir sind mittlerweile auf einem guten Weg, und auch hier möchte ich meine persönliche Trainingsmethode wiedergeben, die bei uns sehr gut funktioniert.

Trainingsmethode:

Zu diversen Trainingsstunden habe ich mich über entsprechende Fachliteratur kundig gemacht und letztendlich verstanden, dass es für einen Hund in manchen Situationen nicht mehr möglich ist, auf die Befehle seines Besitzers zu reagieren. Das Adrenalin, welches in diesem Moment freigesetzt wird, stellt uns einfach in den Hintergrund. Ferner kann ich nur jedem empfehlen, sich auch mit dem Thema „Körpersprache des Hundes" auseinanderzusetzen. Dies hilft uns Besitzern frühzeitig auf die entsprechenden Signale des Hundes zu reagieren. Wir können ihm dann unsere Hilfestellung anbieten.

Sobald Bono in die Phase des starren, fixierenden Blickes geht (Ohren stellen sich, der Körper wird steifer), schieße ich ihn mit einer kleinen Wasserpistole zwischen den Ohren ab und sagte klar und deutlich „LASS ES". Dies unterbricht das fixierende Verhalten und er nimmt kurz mit mir Kontakt auf – diesen kurzen Blickkontakt sofort mit freudiger Stimme loben und wenn möglich ein Leckerli geben (Bono ist in dieser Situation so angespannt, dass es nicht möglich ist, ihn noch mit Leckerli zu belohnen, hier muss die Stimme genügen). Zügig mit dem Hund weiterlaufen und ihn für sein ruhiges

Verhalten loben. Sollte er nach dem Lob wieder in ein fixierendes Verhalten übergehen, erneut die Wasserpistole zum Einsatz bringen. Bei uns hat diese Trainingsmethode sehr gut geklappt, so dass wir immer besser an vielen Rüdenbegegnungen ruhig vorbeikommen und ein Einsatz der Wasserpistole nur noch selten nötig ist. Es ist sehr wichtig, den Schuss der Wasserpistole mit einem entsprechenden Abbruchsignal zu konditionieren. Ziel des Trainings ist es, nur anhand des konditionierten Wortes „Lass es" ein unerwünschtes Verhalten zu korrigieren.

Wir müssen keine Hunde an der Leine oder im Freilauf haben, die sich mit jedem verstehen, aber sie sollten kontrollierbar sein und ruhig an entsprechenden Situationen vorbei kommen. Es ist ein langer Weg bis dorthin und man muss sich auf eine lange, konsequente Erziehungsmethode ohne Gewalt einstellen. Aber es lohnt sich!

…ohne Scheu und Aggression…. so steht es zumindest in vielen Büchern. Hier kommt in einem gewissen Alter einfach die Vorsicht hinzu oder auch der Beschützerinstinkt. Bei uns hat es damit angefangen, dass Nachbarn, die mit schlürfenden Hausschuhen zum Briefkasten gingen, angebellt wurden. Oder wenn wir die Tür aufmachten und es stand der Briefträger mit Fahrrad am Briefkasten, wurde dieser angebellt. Fremde Menschen, die uns beim Spaziergang entgegenkommen und vielleicht aus Hundesicht komisch aussehen, wurden mit gerunzelter Stirn fixiert. Auch das gab es sonst nicht. Hier hieß es schnell reagieren, bevor evtl. ein extremer Beschützerinstinkt erwacht und der Hund jegliche Hemmungen verliert und auch zuschnappt.

Trainingsmethode:

Da dieses Problem relativ frisch aufgetreten ist, kann ich hier nur ansatzweise etwas dazu beitragen.

Wenn Bono jemanden auf der Straße suspekt findet und anfängt zu grummeln, nehme ich ihn bei Fuß und sage: „Ist okay und weiter geht's". Wenn es geht, wechsle ich die Straßenseite und räume Bono seinen Freiraum ein. Das klappt sehr gut.

Die oben dargestellten Entwicklungsphasen sind diese, die uns am meisten auffielen, bzw. in die wir die meiste Zeit investierten. Es gab natürlich noch andere Entwicklungsstadien, die aber in Rassebüchern sehr gut aufgezeigt und beschrieben sind.

Im Großen und Ganzen bin ich wirklich sehr zufrieden mit unserer Fellnase Bono. Durch konsequentes Training, viel Durchhaltevermögen und einer guten Bindung ist es uns gelungen, einen tollen Ridgeback an unserer Seite zu haben.

Neuem gegenüber ist er nicht ganz offen und läuft eher vorsichtig an meiner Seite mit (z. B. Kaufhaus, Gaststätte, fremde Wohnungen und Treppenhäuser). In diesen Situationen zeigt er keinerlei Aggressionsverhalten und würde sich von jedem anfassen lassen, da er mit der neuen Situation erst einmal überfordert ist. Kennt er diese Dinge wird er selbstsicherer.

Mit Kindern haben wir keine Probleme. Hier besitzt er eine sehr hohe Reizschwelle und selbst schreiende, vor seiner Nase rumwedelnde Kleinkinder, lassen ihn cool aussehen.

Er verteilt liebend gerne Hundeküsschen. Wobei ich ihn so einer Situation nie alleine aussetzen würde. Es ist immer noch ein Hund! Ein kleiner Kinderfinger, der beim Rumspielen in sein Auge gelangt, würde meinen Hund nicht mehr so cool aussehen lassen.

Dominanzprobleme innerhalb der Familie haben wir nicht, so dass er mit auf dem Sofa und auch im Bett liegt – im Übrigen ist es schwer (wenn nicht sogar unmöglich) einen Ridgeback aus dem Bett zu halten ☺

Alleine bleibt er mittlerweile auch, ist es aber nicht wirklich gerne. Lieber geht er überall mithin, als daheim auf seine Menschen zu warten. Es wäre auch schlimm, wenn es nicht so wäre!

Von meiner Erfahrung würde ich sagen, ein Ridgeback ist sowohl ein Hund für einen Ersthundebesitzer, als auch für Menschen, die schon mehrere Hunde hatten. Jede Rasse hat ihre Eigenheiten, mit denen man sich individuell auseinander setzen sollte und muss. Man muss sich bei einem Ridgeback nur bewusst sein, dass es einer längeren Entwicklungsphase bedarf, man viel liebevolle Konsequenz in der Erziehung an den Tag legen muss, um dann einen gut erzogenen Ridgeback an seiner Seite zu haben. Im übrigen kommt uns hier die Sensibilität zugute, zumindest zeigt Bono diese auf, so dass es langt, die Stimme etwas lauter zu erheben, um ein nicht gewünschtes Verhalten zu unterbrechen (ausgenommen diverse Hundebegegnungen). Auch ist ein Ridgeback nicht mit Gewalt zu erziehen. Hier kann ich nur jedem ans Herz legen, die Hundeschule zu wechseln, wenn diese sich nicht auf die Rasse Rhodesian Ridgeback einlassen will und z. B. nicht versteht, dass viele Ridgebacks sich nicht bei Regen hinsetzen bzw. ein Training hier nicht mehr möglich ist.

Trotz einer noch nicht fertigen Entwicklungsphase und einer Menge Arbeit, würde ich immer wieder einen Rhodesian Ridgeback mein Eigen nennen wollen. Es sind schlicht und ergreifend großartige Hunde mit einer phantastischen Seele.

Und was meinen Sie, ist doch ein toller Erfahrungsbericht über mich geworden?

Sie sehen, der Bericht meiner Fellmama und meine Sichtweise, die ich Ihnen bisher geschrieben habe, sind doch gar nicht so unterschiedlich!

10. Jetzt spricht meine Fellmama

Nachdem ich aus meiner Sicht das Leben in meiner Fellfamilie geschildert habe, kam ich der Bitte meiner Fellmama nach, sich auch äußern zu dürfen.

Habe ich doch dafür ein leckeres Putenwienerle bekommen.

Dann möchte ich mal etwas über unsere liebevolle Fellnase Bono schreiben. Es geht los!

Bevor unsere Fellnase Bono einzog, haben wir uns gründlich informiert. Mit verschiedenen Züchtern gesprochen, alle Literatur über die Rasse Rhodesian Ridgeback mehr oder weniger aufgesogen und das Ankommen unserer Fellnase gut vorbereitet. So war die Hundeschule ausgesucht, die ersten drei Einzelwelpenstunden mit dazugehörigem 10er Gruppenwelpenkurs gebucht und das „Welcome-Home-Paket“ stand bereit. Kurzum: Was konnte da noch schief gehen?

Die weite Fahrt zu unserer wunderbaren Züchterin, die uns auch heute noch mit Rat und Tat zur Seite steht, war für uns bestimmt genauso aufregend, wie später die Heimfahrt für unser Fellkind.

Unser bisheriger Alltag war schnell auf den Kopf gestellt und nichts war mehr wie es vorher war. So konnten mich sämtliche Nachbarn mit durchgewühlten Haaren, Schlafanzug und Hausschuhen zu den unmöglichsten Zeiten mit einem kleinen braunen Fellknäul auf dem Rasen bewundern. Zumal Bono dachte, „wenn es auf den Rasen geht, muss ich nicht gleich Pipi machen“. Er rannte um das Haus herum oder probiere auf die Straße zu düsen. Ich glaube, ich habe einige heimliche Lacher, hinter Nachbars Fensterscheibe, auf meiner Seite gehabt.

Die Nächte waren durchweg annehmbar. Bono hat in seiner selbstgebastelten Schlafhöhle, aus Umzugskarton und Kuschelkörbchen, sechs bis acht Stunden geschlafen, bevor er sich die Pfoten vertreten musste.

Die Zeit mit Bono im Büro lief sehr gut. Ich hatte das Glück, dass einige Kollegen auch Felleltern sind und diese ab und an durch die Gänge riefen: „Achtung Pfütze, komm mit deiner Zewa-Rolle vorbei". Schnell hatte Bono begriffen, dass es nicht immer möglich ist im Büro Spielzeiten einzuplanen, sondern, dass auch gearbeitet wird. Hier kann ich sagen, ein völlig unproblematischer Bürohund. Da nicht nur nette Kollegen um mich herum arbeiten, kam es wie es kommen musste. Ein Kollege einer Außenstelle beschwerte sich. Bono wäre so groß geworden und bestimmt gäbe es Leute, die Angst haben. Man muss auch auf die ratsuchenden Eltern mit Kindern achten, und, und, und... Wichtig ist es, zu wissen: Ich arbeite als Verwaltungsfachwirtin beim Jugendamt ohne regelmäßigen Publikumsverkehr. Außerdem hatte Bono seinen fest zugewiesenen Platz hinter meinem Schreibtisch, den er ohne mein Sagen nicht verließ. Es folgte ein harter Kampf gegen Vorgesetzte, unterstützt durch tolle Kollegen und einem verständnisvollen Personalrat. Leider haben wir diesen verloren. Kurzum: Bono durfte nicht mehr mit ins Büro und unsere so gut geplante Planung war dahin. Auf unserer Seite stand das Glück, dass Bono mittlerweile fast zwei Jahre alt war und durchaus ein paar Stunden allein bleiben konnte. Mein Mann ging morgens mit Bono einen ausgedehnten Spaziergang machen (im fortgeschrittenen Alter wird jetzt jeden Morgen eine Stunde gejoggt), so dass Bono mit vielen Düften um die Nase und ausgeleert nach Hause kam und sich relaxt auf seinen Sessel legte. Kam ich sechs Stunden später nach Hause wurde und werde ich heute noch stürmisch empfangen. Dann dreht sich erst einmal alles um Bono. Wir haben mittlerweile eine gute Mischung gefunden, und es klappt wunderbar.

Was die Erziehung angeht, haben wir einige Höhen und Tiefen hinter uns, die uns manchmal haben verzweifeln lassen. Es ist wirklich sehr schwer eine geeignete Hundeschule mit entsprechendem Trainer zu finden. Aufgrund Empfehlungen und Erfahrungsberichten anderer Ridgebackhalter sind wir bei einer erfahrenen Ridgebacktrainerin gelandet. Diese brachte uns näher, warum Bono in manchen Situationen gar nicht anders handeln kann, selbst wenn er möchte. Ihr haben wir viel zu verdanken! Später durften wir noch einen wunderbaren Ridgebackzüchter und –trainer kennenlernen, der uns im Stadtalltag sicherer machte und uns auch heute noch ein lieber Ansprechpartner ist. Kurzum haben wir letztendlich sehr viel Positives gelernt und umgesetzt, was sich im jetzigen Alter von Bono deutlich zeigt. Mit liebevoller und konsequenter Trainingsarbeit hat sich auch bei Bono die so gerne geschriebene „Souveränität im fortgeschrittenen Alter eines Ridgebacks“ eingestellt.

Der Alltag mit unserer Fellnase gestaltet sich als sehr angenehm und ich kann heute sagen, wir haben einen wunderbaren Begleiter an unserer Seite. Sei es, wenn wir zu Besuch bei Familie, Freunden oder in Gaststätten sind, Bono weiß sich zu benehmen und liegt ruhig zu unseren Füßen, während um uns herum die größte Hektik stattfindet. Allerdings gibt uns Bono auch deutlich zu verstehen, wenn es ihm zu viel und zu lange wird. Hier fängt er an den Kopf auf unsere Beine zu legen, oder mit der Pfote an uns zu kratzen. Er lässt sich zwar wieder auf seinen zugewiesenen Platz ablegen (kleine Anmerkung: Wir haben extra eine Hundedecke dabei, auf die wir Bono konditioniert haben), aber wir nehmen die Zeichen unserer Fellnase wahr und gehen nach Hause, bevor der Stress zu groß wird.

Interessant ist es auch, dass sich ein Ridgeback in der Regel eine bestimmte Bezugsperson aus seinem Rudel aussucht. Unsere Fellnase ist ein absoluter „Mama-Hund". Dies bringe ich allerdings in Verbindung damit, dass er die ersten zwei Jahre seines Lebens fast 24 Stunden um mich herum war. Natürlich ist auch sein „Hunde-Papa" was ganz tolles, aber unsere Verbindung ist besonders stark, was die Kommunikation und das Leben einfach schöner macht.

Als Abschluss meiner kurzen Wortmeldung bleibt mir eigentlich nur noch zu sagen, dass wir das Leben mit unserer Fellnase Bono in keinster Weise mehr missen möchten. Er hat uns gelehrt viele Dinge mit anderen Augen zu sehen, uns naturverbundener gemacht, uns neue Freundschaften beschert und wir hoffen, dass er noch lange ein glückliches und gesundes Leben bei uns führen darf.

Er ist einfach unser ganz besonderes Hundeseelchen!!!

11. Zum Abschluss

Natürlich möchte ich es mir nicht nehmen lassen, meine persönliche Ansicht der Rassenbeschreibung ein wenig zu überarbeiten. Man sagt mir einige Charaktereigenschaften nach. Meine Hundesicht zu der ein oder anderen Eigenschaft ist folgende:

- Gelassenheit und Souveränität

Hierzu lässt sich soviel sagen, dass dies mit Sicherheit irgendwann auf jeden von uns zutrifft. Aber da wir Ridgebacks bekanntermaßen zu den Spätentwicklern gehören, trifft diese Gelassenheit und Souveränität zu einem späteren Zeitpunkt ein. Also nicht verzweifeln, auch ich musste meine Gelassenheit erst finden.

- Schwer erziehbar und nicht für Anfänger geeignet

Von schwer erziehbar kann keine Rede sein. Ich drücke es mal so aus: Für mich muss hinter einer Aufgabe oder Übung ein Sinn stecken. Deshalb stelle ich ab und an manches in Frage. Verstehe ich aber den Sinn der Übung, bin ich mit Freude bei der Sache. Was vielleicht noch wichtig ist für das Verständnis meiner scheinbaren „schweren Erziehbarkeit“ wäre das Wissen, dass ich kein Hund bin, der sich seinen Felleltern komplett unterordnet. Ich möchte mir die Freiheit behalten einfach nur Hund zu sein. Mit einer ruhigen, sicheren Führung und dem Wissen, es braucht etwas Zeit, werde ich zu einer tollen Fellnase, ganz ehrlich!

Und Anfängern gebe ich gerne eine Chance, solange sie sich mit der Rasse Rhodesian Ridgeback beschäftigen und wissen, was auf sie zukommt. Im Grunde genommen kann man jeden Anfänger nennen, der sich erstmals einen Rhodesian Ridgeback zulegt. Wir sind einfach anders als andere!

- Sehr ruhiger Hund

Und wie ruhig ich sein kann – zu Hause bin ich sogar fast unsichtbar und manch Besucher hat sich schon gewundert, dass ich mich lieber auf meinen gemütlichen Sessel zurück ziehe und nicht als Schmusehund zur Verfügung stehe. Zuhause ist für mich einfach die gemütliche Zeit angebrochen und wenn ich nicht mit Indoorspielen beschäftigt werde, nutze ich gerne die Zeit, um ein ausgiebiges Schlummerstündchen zu halten.

Der Umkehrschluss des „ruhigen" Vertreters ergibt sich allerdings, wenn ich zu meinem Spaziergang antrete. Hier bin ich ein pures Powerpaket, renne über Wiesen und Felder und bin immer für Spiel und Spaß zu haben.

- Zurückhaltend und vorsichtig

Sagen wir mal so, mein Verhalten der Zurückhaltung und der Vorsichtigkeit ergibt sich aus der entsprechenden Lage heraus. Sofern ich keine Gefahr in der jeweiligen Situation sehe, bin ich eher uninteressiert. Kommt mir aber etwas komisch vor, z. B. der ganz in schwarz gekleidete Jogger mit Schildkappe, der auch noch einen besonderen Rennstil hat, kann es schon einmal sein, dass ich meine gerunzelte Denkerstirn zum Einsatz bringe. Hier ist es wichtig, dass meine Felleltern meine Körpersprache zu lesen wissen und mir sagen, es ist okay, du musst dich nicht um diese Situation kümmern.

- **Arroganz und Ignoranz**

Diese Eigenschaften waren mir in meinem Junghundealter ziemlich unbekannt. Ich fand einfach alles und jeden toll! Nachdem ich mein zweites Lebensjahr überschritten hatte, änderte sich das allerdings und ich habe vieles mit kritischeren Augen gesehen. Was meinen Beliebtheitsgrad nicht bei jedem erhöhte – und das ist auch gut so. Oft mussten sich meine Felleltern auf ihrem Spaziergang anhören „... der ist aber arrogant", wenn ich nicht auf jedes „duzi duzi" reagierte. Könnte ja jeder kommen. Worauf ich allerdings sehr stolz bin, war die Äußerung einer hundeerfahrenen Dame, die meinen Felleltern im Wald sagte: „Haben Sie aber einen tollen, souveränen Hund". Hier stand ich völlig relaxt und „ignorant" am Waldesweg, während meine Felleltern sich mit dieser Dame unterhalten haben. Schön zu hören, oder?!

- **Lernfreudig**

Ja, lernfreudig bin ich – wenn ich den Sinn erkenne. Aber im Grunde mache ich Übungen sehr gerne mit, erlerne sehr schnell kleinere Kunststücke und bin wirklich offen für neue

Lerntechniken. Am schönsten finde ich es, wenn ich vor dem Lernen einen kleinen Spaziergang machen darf und nach der Lernstunde eine Toberunde im Anschluss folgt. Da macht das Lernen doppelt Spaß!

- Kurzes pflegeleichtes Fell

Das habe ich mit Sicherheit. Allerdings habe auch ich mit dem einen oder anderen Fellwechsel zu tun und wechsle mein Haarkleid. Hier finde ich es besonders toll, wenn in dieser Zeit mein Körper mit einem weichen Gummistriegel massiert wird, dass bringt einen schönen Glanz in mein Fell und massiert meine Haut. Der Nachteil dieses pflegeleichten Fells zeigt sich leider darin, dass ich häufiger auf Umweltreize reagiere und anfälliger für Kontaktallergien bin. Meine Felleltern waschen mich in der Blütezeit immer mit einer Mischung aus Apfelessig und Wasser feucht ab, um die Kontaktallergie einzuschränken. Das hilft auch gut, wenn diese bösen Grasmilben mich wieder ärgern.

- Haltung idealerweise im Haus mit Garten

Für mich ist das eher uninteressant, da ich nur da bin, wo meine Felleltern sind. Wer es noch nicht bewusst wahrgenommen hat, ich bin ein ausgeprägter Familienhund. Idealfall wäre natürlich schön, ist aber nicht notwendig um mich glücklich zu machen.

- **Sonstiges oder „typisch Ridgeback“**

Da mein Fellfreundeskreis natürlich auch einige Ridgebacks umfasst, sind mir so einige Eigenarten an uns aufgefallen, die ich einfach „typisch Ridgeback“ nennen möchte – ein wenig muss ich schon schmunzeln wenn ich diese Zeilen so schreibe:

- Wenn ich mich dann zur nächtlichen Ruhe betten möchte, stelle ich mich neben meine Fellmama und schaue sie solange an, bis diese mir die Bettdecke hochhebt und ich es mir darunter gemütlich machen kann.

- Als gut ausgestattete Fellnase bin ich natürlich im Besitz einer Regenjacke. Gut gelaunt folge ich meinen Felleltern bis zur Haustür. WAS???? REGEN!!!! Ein Regentropfen auf meiner Nase, da gehe ich keinen Schritt weiter. Sie glauben gar nicht, wie schnell ich meine Geschäfte erledigen kann, um dann wie angewurzelt stehen bleibe, meine Felleltern mit großen Augen anschaue und bereit bin, wieder nach Hause zu gehen. Das geht ganz schnell!

- Ich habe meine Felleltern wirklich gut erzogen. Ab und zu bekomme ich ein unterhaltsames Hundekino geboten. Da wird vor meiner Nase probiert, mich mit einem Quietschie zum Spielen aufzufordern. Aus meinen Felleltern kommen Töne heraus, Sie können es sich nicht vorstellen. Da mir nicht immer nach Spielen zumute ist, mache ich es mir in dieser Situation noch bequemer auf meinem Lieblingssessel und schaue mit halb geöffneten Augen diesen spielenden Felleltern zu. Es hat eine gewisse Heiterkeit!

- „Ohhhhhhh, ist das ein Ridgeback?????“ „Ja“ kommt es stolz aus dem Mund meiner Felleltern. Aber was interessiert es mich, ich weiß doch eh, dass ich der Schönste bin. Ich muss also auf das stolze „Ja“ nicht wirklich reagieren, oder? Und wie war das doch gleich mit der Arroganz und Ignoranz?

- Damit meine Zähne auch schön gepflegt bleiben, habe ich immer einen feinen Büffelhautknochen bereit liegen. Sie glauben aber nicht, dass ich diesen so einfach anfange zu nagen? Nein, ich erhebe meine Pfote, schlage mit dieser auf den Wohnzimmertisch und trainiere meine Felleltern. Sie wissen, was zu tun ist. Knochen nehmen, einen Hauch Bioleberwurst darauf und er wird mir gereicht. Mmmmmhhhh, schmeckt das lecker. Und meine Felleltern sind wirklich leicht zu erziehen!!!

- Meine Spezialität ist es, manche Übungen infrage zu stellen. So geschehen in einer meiner Trainingsstunden. Die Übungen bestanden darin, sich aus Entfernung abwechselnd ins Platz und Sitz zu begeben. Nach dem vierten Mal verstand ich es nicht mehr, warum ich das nochmals tun sollte, ohne dass es ein besonderes Ereignis gab. Als meine Fellmama von mir ein Platz forderte, schaute ich sie mit meiner in Falten gelegten Stirn fragend an. Selbst die Trainerin sagte mit einem schmunzeln: „Jetzt überlegt er, was der Sinn der Übung ist.“

- Die Sonne strahlt mir ins Hundegesicht, während ich mich noch wohlwollend im Bett räkle und meine Felleltern schon mit freudigem Gesicht das Hundegeschirr in der Hand halten. Was? Jetzt schon raus? Es ist doch erst 10.00 Uhr? Frühaufsteher – nein danke!

Ich könnte noch mehr Eigenarten aufzählen. Aber haben Sie nicht auch die eine oder andere Eigenart entdeckt, die Ihrer Fellnase nahe kommt?

12. Danksagung

Wie es sich gehört, möchte ich mich zum Schluss bei einigen bedanken, die mir in meinem bisherigen Hundeleben sehr ans Herz gewachsen sind:

An erster Stelle stehen meinen wunderbaren Felleltern, die mit viel Geduld meine Eigenarten akzeptieren, mir immer wieder neue Dinge beibringen und sich auch die Mühe geben, meine Sicht der Dinge mit ihrer Sichtweise in Einklang zu bringen. Danke dafür: Ich liebe euch!!!

Dank gilt auch meiner Zuchtmama Helga, die mich mit all ihrer Erfahrung auf einen guten Start ins Leben vorbereitet hat.

Meiner Felloma, die mich hegt und pflegt während meine Felleltern sich um meinen Lebensunterhalt kümmern.

Besonderer Dank auch an meine Fellfreunde:

Simba (ein souveräner, kastrierter 5jähriger Ridgebackrüde aus Ridgeback in Not): Für deine Geduld, als ich noch etwas kleiner war und noch mehr Unsinn im Kopf hatte als jetzt. Du gibst mir heute noch Sicherheit in Situationen, in denen ich alleine noch unentspannt bin. Deshalb habe ich dich auch so lieb und kann einfach nicht von dir lassen! Deine Ohren sauber machen ist einfach ein kleiner Liebesbeweis!

Spike (ein 6jähriger kastrierter Schoko-Labrador, ein liebevoller Quatschkopf): Du kennst mich schon von meinen ersten Lebensmonaten an, hast mich an deinen Lefzen ziehen lassen, ich durfte dich nerven, du hast mir all meine Unsinnigkeiten in der Kinderstube nicht krumm genommen. Heute sind unsere Spaziergänge zwar etwas ruhiger, aber wir können immer noch herrlich zusammen rennen und spielen. Ich hoffe deine Gesundheit lässt das noch lange zu!

Keya (eine 3,5jährige Ridgebackhündin): Unsere Geburtstage sind nur wenige Tage voneinander getrennt und wir sind uns in vielem ähnlich und doch wieder grundverschieden. Wie oft haben sich unsere Felleltern ausgetauscht und lachen heute über unsere Eigenheiten, die so langsam ausgeflogen sind. Du bist wie eine Schwester für mich und ich finde es immer wieder Klasse mit dir über die Felder zu spurten.

Deli (ein 20monatiger intakter Ridgebackrüde): Ich kenne dich schon von klein auf, gemeinsam sind wir über unzählige Felder und Wiesen getobt. Unsere Felleltern sahen oft nur noch ein „Staubwölkchen" von uns. Wir haben so etwas, was man eine ganz besondere „Männerfreundschaft" nennen kann. Auf unseren gemeinsamen Spaziergängen ist immer etwas Besonderes geboten: Wir machen gemeinsame Übungen, erkunden neue Felder und Wälder, kurzum, wir haben viel Spaß auf unseren Erkundungstouren. Es wäre schön, wenn unsere Freundschaft noch lange andauert. Die vielen gemeinsamen und schönen Spaziergänge und Erlebnisse sind einfach eine Bereicherung für mein Hundeleben. Und auch wenn ich es als echter Hundskerl nicht immer zeigen kann: Deli, ich hab dich sehr lieb!

Danke auch an meine Spaziergehfreunde:

Ridgebackhündinnen: Amy, Baghira, Shira und Tyra und dem kleinen Cavalier King Charles Candy! Auch mit euch habe ich immer viel Spaß und schon einiges erlebt. Ich genieße es mit euch über Felder und Wiesen zu springen.

RR-Dame Dada und Neuzugang RR-Jungspund Fogo: Dada, dein Duft ist unwiderstehlich, ich kann nicht von dir lassen! Kleiner, frecher Fogo, mal sehen, wie lange wir uns noch verstehen...

...und natürlich all den Anderen, die ich hier vergessen habe!!!

Solange Menschen denken,
dass Tiere nicht fühlen,
müssen Tiere fühlen,
dass Menschen nicht denken.

Arthur Schopenhauer

Rhodesian Ridgeback: Geschichte. Haltung. Ausbildung. Zucht von Petra Stracke und Hilke Heinemann

Rhodesian Ridgeback von Peter Obschernicat

Das andere Ende der Leine: Was unseren Umgang mit Hunden bestimmt von Patricia B. McConnell

Liebst du mich auch? Die Gefühlswelt bei Mensch und Hund von Patricia B. McConnell

Alter Angeber! Leinenaggressionen bei Hunden verstehen und beheben von Patricia B. McConnell

Das Aggressionsverhalten des Hundes: Ein Arbeitsbuch von James O'Heare und Jürgen Zimmermann von Animal Learn Verlag

Natural Dog Food: Rohfütterung für Hunde - Ein praktischer Leitfaden von Susanne Reinerth

Hundeverhalten: Mimik, Körpersprache und Verständigung von Barbara Handelman

Die Hundeschule Clickertraining von Ann-Sophie Griebel von Müller Rüschlikon

„Pfotenclick" – Der exklusive Einkaufsführer für Hundefreunde von Christine Back

www.r-bc.org

Ein Verein, der sich tatkräftig für die artgerechte Erhaltung der Rasse Rhodesian Ridgeback einsetzt. Ein Erlös aus dem Buchverkauf geht dem Verein zugute.

www.rhodesian-ridgeback-forum.org

Ein Forum rund um den Rhodesian Ridgeback mit interessanten Beiträgen und Hilfestellungen bei Problemlagen.

www.spass-mit-hund.de

Viele Spielideen rund um den Hund – hier kommt garantiert keine Langeweile auf.

www.boti-design.spreadshirt.de

Der Shop nicht nur für RR-Fans, ausgefallene und einzigartige T-Shirts, Sweatshirts, Jacken und mehr... tolle Geschenkideen!

www.hundegeschirr.mode.ms

Eine große Auswahl an maßgefertigten Geschirren, Halsbänder und Leinen.

www.rusty-hof.de

Rhodesian Ridgeback Züchter und Trainer mit großem Herz.

www.lieblingsshop.de

Leckere Snacks für den Hund.

www.cairn-energie.de

Leckere Kong-Rezepte und vieles mehr...

Ich freuen mich, dass Sie sich entschlossen haben dieses etwas andere Rhodesian Ridgeback Buch zu kaufen. Das Buch kann Ihnen eine Hilfe bei ähnlichen Problemlagen sein und zeigt Ihnen einen Einblick in das facettenreiche Leben mit einem Rhodesian Ridgeback – einfach und völlig ungeschönt!

Der ein oder andere Tipp hat vielleicht auch Ihnen geholfen, oder Ihnen eine andere Sichtweise näher gebracht.

Schön ist es, dass Rassemerkmale bestehen bleiben, aber jede Hundeseele doch anders funktioniert. Sei es von mutig bis vorsichtig von vorlaut bis schüchtern – aber genau das macht jeden Einzelnen einzigartig und liebenswert.

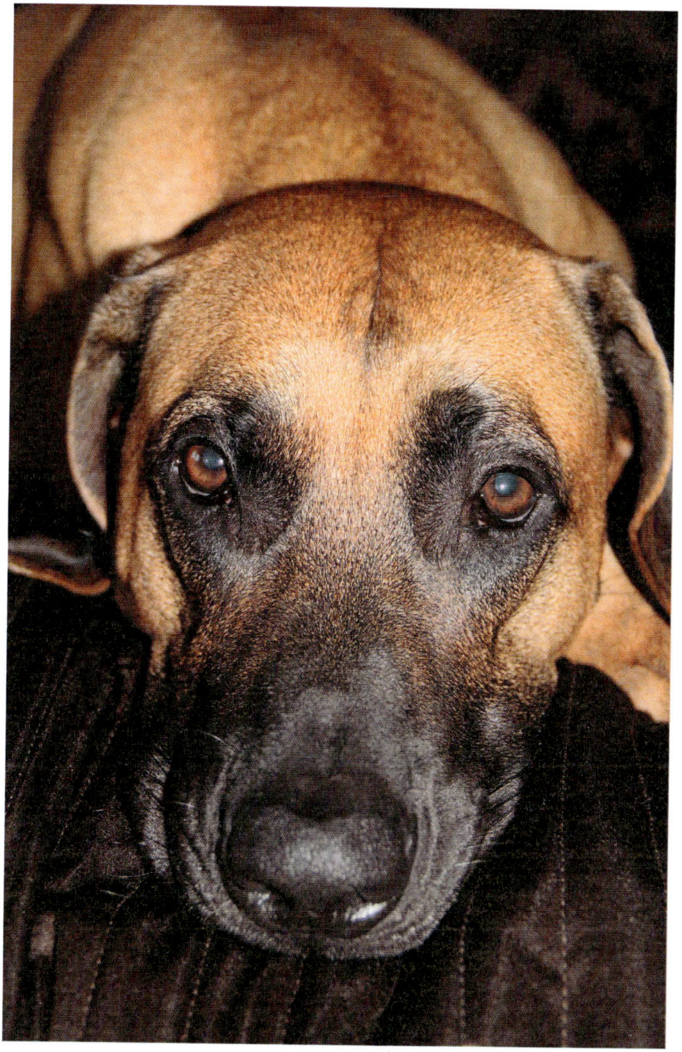

Wir werden geformt und gemacht
durch das, was wir lieben Goethe